東京外国語大学アジア・アフリカ言語文化研究所
叢書 知られざるアジアの言語文化Ⅵ

ナシ族の古典文学

―『ルバルザ』・情死のトンバ経典 ―

黒澤 直道 著

東京外国語大学
アジア・アフリカ言語文化研究所

「叢書　知られざるアジアの言語文化」刊行にあたって

自己の国家をもたない民族が多数アジアで暮らしています。彼らは、近代領域国家の周縁に置かれており、少数民族と呼ばれています。これまでわれわれは、少数民族の言語・文化に接する機会が少なく、あったとしても、それは往々にして、他の民族のフィルターをとおしてでした。たとえば、和訳された民話や神話などの文献は、ほとんど原語からではなく、英文、仏文や近代国家の標準語からの重訳が多かったことを思い起こせば、この点は容易に理解できるでしょう。

「叢書　知られざるアジアの言語文化」は、少数民族が自身の言語で叙述した歴史と文化に関する口頭伝承や文献を和訳することによって、彼らに対する理解を深め、その思考法に一歩でも近づくためのシリーズです。これによって、より多くの読者が少数民族固有の価値観を熟知するきっかけになればと願っています。

原則として、少数民族の言語から直接和訳することが求められます。少数民族の文字による文献および聞き取りによって採集されたオーラル資料のテキストからの翻訳が主流となりますが、第三者、つまり多数民族の言語と文字を借りて自己表現する場合も無視できません。少数民族はしばしば政治権力を掌握する人々の言語と文字を用いて自己を表現する境遇にあるからです。その場合は、少数民族自身によって語られるか書かれている点、また内容は少数民族の価値観を表している点などが要求されます。

誰しも、表現した内容を相手に理解してもらいたいと望んでいます。相手がそれを理解してくれないことほど悲しいことはありません。多数民族は自己が立てた標準に彼らが達しないことや彼らの思考法が自分たちと異なることを理由に、少数民族を解ろうと努力してこなかった向きがあります。人間の表現は、音で意思を伝達する言葉と符号で意味を伝達する文字に頼っています。言語が異なると意味が通じないのは自明のことわりですが、その言語を習得すれば、言葉の背後に潜む思考法も理解でき、他者の文化的価値観を知る能力が増大することは確かです。

幸い、近年、アジアの少数民族のあいだで長期のフィールドワークをすすめ、多くの困難を克服して彼らの言語と文字を習得した若手研究者が増えています。東京外国語大学アジア・アフリカ言語文化研究所では、そうした若手研究者を共同研究プロジェクトに迎え入れて、所員とともにさまざまなオーラルと文献の資料を和訳し公刊することになりました。少数民族の言語と文化を少しでも多くの日本人に理解していただく一助となればと期待しております。

クリスチャン・ダニエルス（唐　立）

都下府中の研究室にて

2007年10月1日

はじめに

本書は、中国雲南省を中心に居住するナシ族に伝承される経典、『ルバルザ』を、原語になるべく忠実な形で翻訳し、さらにナシ族の文化をご紹介する解説を附したものです。ナシ族の経典『ルバルザ』は、情死した若い男女の霊を弔う儀礼で用いられた経典で、かつてナシ族に多く発生した、結ばれない男女の情死をその背景とするものです。20世紀の前半、ナシ族の住む麗江は、「世界一の自殺の都」と呼ばれるほど自殺が多く、その多くが男女の情死によるものでした。『ルバルザ』のテクストからは、こうした特異な情死の風俗と、その背景にあるナシ族独特の死生観を見ることができます。ナシ族の言語伝承としては、この『ルバルザ』のように儀礼で用いられる経典や、神話、民話、民謡など様々なものがありますが、その中でも『ルバルザ』は、ナシ族の「三大古典文学」の1つに数えられています。

本書は2部構成となっており、前半は、複数のテクストを比較検討して作成した『ルバルザ』の訳文です。ナシ族の経典は独特の文字で書かれているため、とかくその文字ばかりが注目されがちですが、経典においてより重要なのは、音声としてのナシ語のテクストです。本書での翻訳においては、なるべく原語のテクストに忠実であることを目指しました。しかし、儀礼で用いられる経典には、ナシ語のネイティブ・スピーカーの学者でも解釈に悩むような、独特の難解性があります。本書では、これまでに複数の解釈が見られる部分については、注釈を用いて煩雑にならない程度にそれらの意見を注記しました。

後半は、ナシ族の文化をご紹介したものです。前半との関係から、特に言語と文字、そして信仰の部分に重点をおいて記しました。ナシ族は中国の少数民族の中では、かなり漢民族化が進んだ民族と言えます。そのため、生活文化の各面においては漢民族の文化の浸透が見られ、ナシ族独自の特徴と言えるものは必ずしも多くはありません。本書では、こうした文化については、それがナシ族独特であるかどうかという点にはあまりこだわらず、現在のナシ族の人々の生活という視点から記しています。もっとも、言語と文字、そして信仰に関わる文化においては、ナシ族独自の特徴が多く含まれています。これも、それらの解説に重点をおいたもう1つの理由です。

中国のナシ族については、近年の日本では、様々なメディアを通じて紹介される機会が増えてきました。しかし、いまだにその文化の全面的な紹介には至っていないのが実際です。さらに、情死の風俗や『ルバルザ』については、かなり恣意的な解釈や説明が行われる傾向があります。本書では、難解なテクストに対しては、本来、様々な解釈が可能であることを踏まえ、一面的な解釈の押しつけにならぬよう考慮したつもりです。

本書は、東京外国語大学アジア・アフリカ言語文化研究所の共同研究、「東アジア・東南アジア大陸における文化圏の形成と他文化圏との接触―タイ文化圏を中心として―」（研究代表者：クリスチャン・ダニエルス教授）の成果として刊行されるものです。本書の出版により、日本でのナシ族に対する理解が少しでも進むとすれば、これに勝る喜びはありません。

訳著者より

本書の執筆を終えて後の2011年3月11日（金）、東北から関東の広い範囲を震源とする巨大地震が発生した。この地震とそれに伴う巨大な津波によって、筆者の生まれ育った宮城県はもとより、東北地方、そして東日本の広い地域で多くの方々が亡くなり、行方不明となった。

本書で取り上げた儀礼を含む、トンバによる広い意味での葬送儀礼は、この世から旅立った者と、この世に残された者の魂に対して行われたものである。多くの魂を送り続けたトンバと同様に、ここに全ての魂の安寧を、深く深く祈る。そして、被災地の一日も早い復興を願う。

Ko yuq hei heeq ggv bbei hol.（声は軽やかに魂は安らかに）

2011年4月11日

目　次

『ルバルザ』*

―牧人が移り、牧人が下りる―

* 原文は、Lv bber lv ssaq。lv は「牧人」。ただし、この経典は牧人の若者の物語であるので、「青年」とする訳も多い。bber は「移る」、ssaq は「下りる」。ちなみに、高い声調の lvl は動詞で「放牧する」の意。なお、漢語では音の近い字をあてて『魯般魯饒』などと表記される。

凡　例

1．次頁以降で【　】内に記した数字は、『納西東巴古籍訳注（一）』に収められた『ルバルザ』写本（楊樹興ほか 1986）の葉数を示す（経典の表紙を除く）。ただし、同書では経典の葉数は示されていないので、以下に同書の頁数との対応を示しておく。

第 1 葉－第 1 頁	第 2 葉－第 2 頁	第 3 葉－第 5 頁
第 4 葉－第 8 頁	第 5 葉－第 11 頁	第 6 葉－第 14 頁
第 7 葉－第 16 頁	第 8 葉－第 20 頁	第 9 葉－第 22 頁
第 10 葉－第 25 頁	第 11 葉－第 28 頁	第 12 葉－第 32 頁
第 13 葉－第 37 頁	第 14 葉－第 40 頁	第 15 葉－第 42 頁
第 16 葉－第 45 頁	第 17 葉－第 47 頁	第 18 葉－第 48 頁
第 19 葉－第 50 頁	第 20 葉－第 53 頁	第 21 葉－第 55 頁
第 22 葉－第 58 頁	第 23 葉－第 62 頁	第 24 葉－第 66 頁
第 25 葉－第 69 頁	第 26 葉－第 72 頁	第 27 葉－第 75 頁
第 28 葉－第 78 頁	第 29 葉－第 81 頁	第 30 葉－第 84 頁
第 31 葉－第 87 頁	第 32 葉－第 91 頁	第 33 葉－第 93 頁
第 34 葉－第 95 頁	第 35 葉－第 98 頁	第 36 葉－第 101 頁
第 37 葉－第 104 頁	第 38 葉－第 107 頁	第 39 葉－第 110 頁
第 40 葉－第 113 頁	第 41 葉－第 115 頁	第 42 葉－第 118 頁
第 43 葉－第 121 頁	第 44 葉－第 123 頁	第 45 葉－第 126 頁
第 46 葉－第 129 頁	第 47 葉－第 132 頁	第 48 葉－第 134 頁
第 49 葉－第 137 頁	第 50 葉－第 139 頁	第 51 葉－第 142 頁

2．▼は、経典の写本に書かれている区切りの記号を示す。

3．訳文は 165 頁に示した複数の『ルバルザ』のテクストを参照した上、さらに不明な点については、ナシ族出身の研究者に質問を行い作成した。従って、『納西東巴古籍訳注（一）』に示された漢語の翻訳とは一致しない部分がある。

4．原語（ナシ語）の表記については、巻末に収めた「ナシ族文字方案」の表記法に従った。

【第１葉】 昔々、ツォ[1]はみなシロ山[2]から移った。鳥はみな峰間の谷[3]から飛んだ。水はみな高山の項[4]から流れた。人の栄える広い大地に、家畜は行った、ノ[5]は行った。穀は行った、チ[6]は行った。人[7]は行った、ホァ[8]は行った。ジとツォは行った[9]。しかし牧人は下りて来られない[10]。

1　coq。古代の部族名という。広く「人」の意味でも用いられる。

2　世界の中心にある聖山。正式には「シロ大山（Jjuq na Sheello）」という（jjuq は「山」、na は「大きい」）。仏教でいえば「須弥山」に相当するもの。「シロ（Sheello）」は、「シャラ（Shaillai）」、「ジョロ（Rollo）」とも。トンバの開祖、トンバ・シロ（トンバ・シャラ）のこと。その一生の物語は、チベットのポン教の導師であるシェンラプ・ミボの話によく似ている。

3　jjekeq bbuq（ジュカ・ボ）。jjeqkeq は、山の尾根の低くなっている所。bbuq は「坂」、「斜面」。本書では全体で「峰間の谷」と訳しておく。

4　so（ソ）。高山の項を指す言葉。

5　nol。家畜の神。

6　zheeq。穀物の神。

7　zzi（ジ）。古代の部族名といわれるが、広く「人」の意味でも用いられる。本書では文脈に従って訳し分ける。ここでは、家畜と家畜の神、穀物と穀物の神、人と家の神という組み合わせになっているので「人」とする。

8　huaq。家の神。

9　「ジ」は注７と同じであるが、ここでは「ツォ」と対になり、次の文の「牧人」と対比される先代の人々のことである。

10　ここを、逆の意味の「下りて来い」とするテクスト（和志武 1987a）もある。

【第２葉】　昔々、人の栄える広い大地に、ツォが下りて来るのだけが見え、牧人が下りて来るのは見えない。ある朝、天の星の移る道からおいでと言うが、星が移るのはズュ[11]が導き、星が出て天に満ち、天の星の移る道は行けない。牧人は下りて来られない。ある朝、地の草の移る道からおいでと言うが、草が生えるのは艾《よもぎ》が導き、草が生えて地に満ちて、地の草の移る道は行けない。牧人は下りて来られない。ある朝、山の木の移る道からおいでと言うが、木の道は躑躅《つつじ》が導き、木が生えて山に満ち、山の木の移る道は行けない。牧人は下りて来られない。ある朝、谷の水が移る道からおいでと言うが、水が移るのは龍[12]が導き、水が流れ谷に満ち、谷の水が移る道は行けない。牧人は下りて来られない。牧人はみな、サコマル[13]の村に、牧人の村を作り住んだ。レホマル[14]の地に、牧人の地を拓《ひら》いて住んだ。

【第３葉】　夜には牧人がコソコソと話し、朝には牧人がハハハハと叫ぶ。ジの寿命を伐って牧人の寿命にしようと言う。木の寿命を伐って花の寿命にしようと言う。水の寿命を伐って泡の寿命にしようと言う[15]。牧人は下りて行くと言う。木の葉のような白鶴に、娘と男[16]を迎えさせたが、鶴が鳴くと雨が降り、娘と男を迎えられない。良く飛ぶ郭公《かっこう》に、娘と男を迎えさせたが、郭公《かっこう》が鳴くと糧《かて》が尽き、女の肋《あばら》は出てしまい、娘と男を迎えられない。良く飛ぶ鷹に、娘と男を迎えさせたが、鷹が鳴くと風が吹き、娘と男を迎えられない。湖

11　ssiuq。三つの星からなる星座の名。

12　lvq（ル）。これは漢語の「龍」からの借用。ナシ語では、この他に「龍」を意味する語に mee rher（天－泳ぐ）があり、経典の言語では両者が混在して使われている。

13　おそらく地名だが、どこを指すかは不明。

14　おそらく地名だが、どこを指すかは不明。

15　この三句いずれも、「長い寿命を捨てて短く生きよう」という意味。「ジ」は先代の人々の意。【☞注 9】

16　原文では、「娘（mil）」と「牧人（lv）」であるが、ここでは「娘と男」と訳しておく。以下の訳文においても同様。

の鴨に、娘と男を迎えさせたが、嘴《くちばし》はあれども平たくて、石を持って湖に行き、娘と男を迎えられない。林の羌《きょん》に、娘と男を迎えさせたが、母は松の林にいて、娘はブ[17]の林にいて、娘と男を迎えられない。高い崖の青羊《あおひつじ》[18]に、娘と男を迎えさせたが、母は高い崖に跳び、娘は低い崖に跳び、娘と男を迎えられない。湖の魚に、娘と男を迎えさせたが、母は深い海にいて、娘は浅い海にいて、娘と男を迎えられない。水辺の鵜《う》に、娘と男を迎えさせたが、肋《あばら》骨には肉がつかず、肉には脂がなく、娘と男を迎えられない。

【第4葉】 水辺の三光鳥《さんこうちょう》に、娘と男を迎えさせたが、息子が見えずも父[19]は探さず[20]、娘と男を迎えられない。水辺の鶺鴒《せきれい》に、娘と男を迎えさせたが、自分の体を自分で揺らし、自分の影を自分で揺らし、娘と男を迎えられない。崖の燕に、娘と男を迎えさせたが、一羽に二本の尾が生えていて、娘と男を迎えられない。トプスジャカ[21]、父から息子へことづける。

17 bbeeq。bbee sheeq（ブシ）とも言う。sheeq は「黄色」。ブナ科コナラ属の半常緑樹。学名は、Quercus semicarpifolia。現地での漢語名は、「黄櫟（黄栗）」。

18 seiq（セ）。山岳地域に生息する羊の一種。バーラル。

19 see（ス）。現在用いられる ebba（アバ）とは異なるが、一部の地域の方言として残る。

20 この部分は、「父の威光は息子に継がれず」（和即貴・和宝林 1999-2000b）や、「父は満腹で息子を探さず」（和志武 1987a）とするテクストもある。全体として、父が息子を探さないので、父の威光が息子に継がれない。そのため娘と男を迎えられないという意味である。

21 Dolbee seeq jjegaq。娘と男の父親たち。jjegaq は、身体の丈夫な男性を示唆する言葉。また、一説には、ズブユレパ（この物語の男性主人公）の父という。これを「トプの父親、ジャカ」と解釈するテクスト（中国作家協会昆明分会民間文学工作部編 1962, p.240）や、この部分を dolbeeq lvq eseeq として、「青年（牧人）を育てた父親」と解釈するテクスト（和即貴・和宝林 1999-2000b）もある。

九十の金の息子よ、牧人は下りて行ってはいけない[22]。息子から父へことづける。人の住む天の下で、人は生きると言うけれど、二度生きることはない。ナ[23]の息子をパ[24]が養う。パの祭司が養う。養い終われば二度養うことはない[25]。良き牧人を養わない。牧人の寿命を伐ってジの寿命にすることはできない[26]。ツォの下りて行く所に私は行かない。トプルアヤ[27]、母から娘へことづける。七十の金の娘よ、牧人は下りて行ってはいけない[28]。娘から返してことづける。広い大地の村で、美しい花と言うけれど、花は一年に二度咲かない。

22　この部分が、逆に「下りて来い」という命令形になっているテクスト（和志武 1987a）もある。二つの解釈は一見相反するが、「下りて行ってはいけない」というのは、情死の霊の世界へ行ってはいけないという意味であり、一方、「下りて来い」というのは、父と同じこの世界へ下りて来いという意味に解釈できよう。

23　naq。ナシ族。「黒」の意味もある。

24　perq。おそらく種族名。パの人。「白」の意味もある。一説には、神名という。チベット族、もしくはチベットの神とする解釈もある。

25　この部分を「二度養うことはあるが、人が二度生きるとは聞いたことがない」とするテクスト（和即貴・和宝林 1999-2000b）もある。

26　この部分は、父親のせりふとして「ジの寿命を伐って牧人の寿命にしてはいけない」とするテクスト（和即貴・和宝林 1999-2000b）もある。長い命を捨てて短い命にしてはいけないという解釈である。

27　Dolbee lvl ayeq。娘と男の母親たち。また、一説には、カメジュミチ（この物語の女性主人公）の母。さらに、「青年（牧人）を育てた母親」とする解釈（和即貴・和宝林 1999-2000b）もある。

28　ここを「下りて来い」とするテクスト（和志武 1987a）

【第５葉】 スダ[29]の木は黒々として、陰の水、陰の溝で咲く。夏の大雨が養い[30]、養い終われば二度養うことはない[31]。美しい花を養わない。ジの寿命を伐って牧人の寿命にすることはできない。木の寿命を伐って花の寿命にすることはできない。水の寿命を伐って泡の寿命にすることはできない[32]。牧人は下りて行くという。ツォの下りて行く所に私は行かない。人の栄える広い大地、駿馬は鞍をつけず、まるで鹿が跳んで行くよう。犬は首輪をつけず、まるで狐が跳んで行くよう。勇壮な男[33]は鎧《よろい》をつけず、まるで兵が逃げて行くよう。良き女[34]は黒水晶を掛けず、まるで婢《はしため》が逃げて行くよう。牧人は下りて来ず、ツォは下りて来た。上に白石の九つの門を建て、牧人を逃げて行かせない。下に黒石の七つの門を建て、牧人を逃げて行かせない。九重の柵を引き、ヤクを逃げて行かせない。七層の木組みの門を作り、豚を逃げて行かせない。百千の目の垣《かき》を引き、羊を逃げて行かせない。

【第６葉】 トプスジャカ、細い杉の棒を持ち、高原[35]に千頭もの白ヤクを放し[36]に行った。トプルアヤ、細い竹の棒を持ち、湿地に百頭もの黒豚を放しに行った。牧人はみな、細い白楊の棒を持ち、高原に千万もの白羊を放しに行った。一頭の良い白羊がどこへ行ったか分からない。家畜を失い探さなければ、ノが怒る。穀を失い探さなければ、チが怒る。牧人はみな、羊を失い探しに行った。羊が高い所で鳴き、羊の声が低い所で聞こえ

もある。【☞注 22】

29 seelddaq。バラ科の植物。ロイレ。漢語名は「青刺尖」で、その実は「青刺果」と呼ばれる。学名は、Prinsepia utilis Royle。

30 夏（六月〜八月）は雨季である。この時期は連日大雨が降る。

31 この部分は、「一年に二度咲くことはあっても、永遠に生きるとは聞いたことがない」とするテクスト（和即貴・和宝林 1999-2000b）もある。

32 この部分は、母親のせりふとして「牧人の寿命を伐ってジの寿命にしなければならない。花の寿命を伐って木の寿命にしなければならない。泡の寿命を伐って水の寿命にしなければならない」とするテクスト（和即貴・和宝林 1999-2000b）もある。短い命で終わることをやめ、長く生きねばならないという解釈である。【☞注 26】

33 zhuaq（ジュワ）。原義は既婚の男。ここでは文脈から「男」と訳す。

34 bbee（ブ）。原義は既婚の女。ここでは文脈から「女」と訳す。

35 goq（コ）。高原の小さい草原、牧場の意。

36 goq（コ）。ここでは「高原で放牧する」という意味の動詞。

る。羊を探して木の下に着く。木を見あげれば、金の花、銀の花が咲いている。トルコ石、黒水晶の実がなっている。実が熟せば牧人の糧にして、葉が落ちれば羊の餌にする。木の枝は羊を囲む垣にする。冬の三月《みつき》、白雪はひらひらと落ち、冬の白雪が殺しても――

【第7葉】 葉が枯れない木。夏の三月《みつき》、大雨がざあざあと降り、夏の大雨にあたっても、腐らない木。木の梢《こずえ》は笠のよう、どこまで覆うか知れず。木の根は鉱脈[37]のよう、どこに伸びるか知れず。木の上に鷹が棲むという。牧人はみな、馬の尾の細糸を持ち、この黒鷹を罠にかけ、木の上に鷹を棲まわせない。木の幹に蜜蜂が棲むという。牧人はみな、松明を点し、蜜蜂の姿を外へ追い出し、木の幹に蜜蜂を棲まわせない。木の下で虎が跳ぶという。牧人はみな、黄金の竹串を挿し、虎が越える所に挿し、青竹の爆竹を放ち、虎が越える所に放ち、虎の姿を外へ追い出し、木の下で虎を跳ばせない。木の上に大鵬《たいほう》、大鷲《おおわし》が棲むという。白鶴と白鷹が棲むという。千万の翼のあるものが棲むという。牧人はみな、それらがそこに棲むのを見て住む。木の下に長角の羊、青鬣《たてがみ》の羚羊《かもしか》、一角の雌青羊、禿の雄青羊、蛇皮模様の白鹿、白尾の黒羌《きょん》が棲むという。千万の蹄《ひづめ》のあるものが棲むという。牧人はみな、それらがそこに跳ぶのを見て住む。牧人はみな、夜に鳥が棲むのを見て住み、昼に鳥が飛ぶのを見て住む。

37　gguq zhua（ゴ・ジュワ）。gguq は穀物を入れる倉。zhua は寝台。ここでは「鉱床」の比喩。

【第8葉】 朝に鶴が鳴き、鷹が鳴くのを聞いて住む。パ[38]が名をつけて、パプレマの木といった。ナ[39]が名をつけて、ナプジュシャの木といった。ユ[40]が名をつけて、ユシカダの木といった。ホ[41]が名をつけて、ホプレマの木といった。ヘ[42]が名をつけて、ヘイバダの木といった。ツ[43]が名をつけて、ツシグブの木といった。牧人が名をつけて、ルプホァホァ[44]の木といった。一本の木に九つの名があるしきたりは、その由来がここに出た[45]。牧人はみな、トルコ石がきらきらと、トルコ石の心は飛び出ないのに、牧人の心は飛び出した。黒水晶がきらきらと、黒水晶の心は沁みないのに、牧人の心は沁みた。牧人はみな、一日だけだと思ったが、すでに三日が経っていた。一月《ひとつき》だけだと思ったが、すでに三月《みつき》が経っていた。

【第9葉】 一年だけだと思ったが、すでに三年が経っていた。一代の寿命は年が盗み、年の寿命は月が盗み、月の寿命は日が盗み、人の寿命は日が盗む。牧人はみな、白い鉄の斧を持ち、伐られていないその木のもとで、ひと振りに伐ろうとしたが、斧に焼きは入れてなく、伐れば刃がめくれ、木くずも落ちず、伐らずに戻った。女はみな、赤い銅の斧を持ち、伐られていないその木のもとで、ひと振りに伐ろうとしたが、斧に焼きは入れてなく、伐れば刃がめくれ、木くずも落ちず、伐らずに戻った。白い犂《すき》の刃を三枚つぶしても、斧[46]を打つ鉄にできない。馬の皮を三枚剥いでも、斧を打つふいごにできない。鉱石を投げるの

38 【☞注24】
39 【☞注23】
40 Yeq。古代の四氏族の一つ。ただし、yeqには「情死の霊」の意味もあり、そのように解釈するテクスト（和志武1983；1994）もある。情死の霊のyeqについては、【☞122頁】
41 Hoq。古代の四氏族の一つ。
42 Heiq。神名。ただし、heiqには一般的な「神」の意味もある。
43 cee。首吊りによって死んだ霊。【☞122頁】
44 「ルプホァホァ」を「牧人が嬉しがる」と解釈するテクスト（和志武1983；1994）がある。
45 ここでは実際には七つの名前しかない。いずれにしても数が多いことの形容であろう。
46 原文は、ddaq（ダ）。「鉱石」の意。

は天から投げる。天の九兄弟が投げる。鉱石をつかむのは地でつかむ。地の七兄弟[47]がつかむ。

ムルスロコ[48]の三百のガオラドゥゾ[49]が打ち[50]、ス[51]の頭を鉄のまな板にし、スの手を火ばさみにし、スの足を鉄鎚《てっつい》にし、スの皮をふいごにする。スの九本の黒杉を伐り、斧を打つ炭とする。三つかみの赤土を掘り、斧につける焼刃土《やきばつち》とする。

【第10葉】 ツェロバルゾ[52]、白ヤクを三百つぶしても、鉱石を鍛える朝飯に足りない。高原の牧場で、ブルアワゾ[53]、牧場の白羊を七百つぶしても、鉱石を鍛える昼飯に足りない。湿地で黒豚を千頭つぶしても、鉱石を鍛える晩飯に足りない。鉱石を鍛える飯はできたが、焼きを入れる水がない。九人の牧人に龍を追わせ、七人の牧人が龍を待つ。獲れるか否か。白尾の龍の馬を得る。焼きは龍が入れる[54]。焼きは入れたが、つける柄《え》がない。五人の牧人に青羊[55]を追わせ、三人が青羊を待つ。獲れるか否か。一角の青羊を得る。柄は一角の青羊でつける。柄もつけたが、磨ぐ石がない。人の栄える広い大地、プカ[56]の大石で磨ぐ。左から磨いで右が鋭くなり、右から磨いで左が鋭くなり、斧を磨いで鋭くなった。

▼牧人はみな、伐らずにはいられず、伐られていないその木のもとで、ひと振りに伐りつけると、一ひらの白い伐りくずが出て、白土の穴に落ち、白い伐りくずが白銀になり——

【第11葉】 白銀の母[57]が出た。銀を打つ者がい

47 これを「七姉妹」とするテクスト（和志武 1983；1987a；1994）もある。
48 Mee'leelsee'loqkoq。地名あるいは人名というが、不詳。
49 Gga'o'laduasso。鍛冶の神の名前という。
50 この部分は、「鉱石を打つのはスが打つ。スの豚頭のティロが打つ。」とするテクスト（和志武 1983；1987a；1994）や、「鉱石を打つのは豚頭のティロが打つ。九十人が打つ。」とするテクスト（和即貴・和宝林 1999-2000b）もある。スについては【☞注 51】
51 Seeq。水神、自然神。【☞ 116 ～ 117 頁】

52 Zei'lo bberq lvl sso。「ツェロ（地名か）のヤクを放つ男」の意。次の句の「ヤク」を導く文飾。
53 Bbv lvl alwa sso。「羊を放つアワ（地名か）の男」の意。次の句の「羊」を導く文飾。
54 「龍」とは水の比喩。
55【☞注 18】。これを音声のよく似た seeq（ス、一角獣）とするものもある。楊樹興ほか 1986 では、ページにより異なる訳が与えられており、複数のトンバによる解釈が混在していると考えられる。
56 bvlgaiq。不詳だが、「巨大な」とする解釈（楊樹興ほか 1986）がある。

57 「銀鉱」の比喩。

なかったので、手仕事の上手な男が打った。白銀の腕輪を打ち、良き男が手にはめて、良き男の手は美しくなった。白銀の耳環を打ち、白銀の耳環を、良き女が耳につけ、良き女の耳は美しくなった。娘と男の求めるものを一つ得た。牧人は伐らずにはいられず、伐られていないその木のもとで、ひと振りに伐りつけると、一ひらの黄の伐りくずが落ち、ロチョ[58]の溝に落ちた。黄の伐りくずは黄金に変わり、黄金の母[59]が出た。金を打つ者がいなかったので、手仕事の上手な男が打った。大小の黄金の釦《ぼたん》を打った。九つの眼を後ろにおき、七つの眼を前におく。五つの眼を後ろにおき、三つの眼を前におく。黄金の釦《ぼたん》を、良き娘が身につけ、良き娘の体は美しくなった。黄金の櫛を作り、黄金の腕輪を作り、良き女が手につけて、良き女の手は美しくなった[60]。娘と男の求めるものを一つ得た。牧人は伐らずにはいられず、伐られていないその木のもとで、ひと振りに伐りつけると、一ひらの緑の伐りくずが落ち、トルコ石の川[61]辺に落ちた。緑の伐りくずはトルコ石に変わり、トルコ石の母が出た。トルコ石を磨く者がいなかったので、手仕事の上手な男が磨き、トルコ石の髪飾りとし、良き男の額につけると、良き男の額は美しくなった。良き女の耳につけると、良き女の耳は美しくなった。娘と男の求めるものを一つ得た。牧人は伐らずにはいられず、伐られていないその木のもとで、ひと振りに伐りつけると、一ひらの黒い伐りくずが落ち、雪山の崖に落ちた。黒い伐りくずから黒水晶が出て、黒水

58 loq chuq。一説に、怒江（サルウィン川上流部）の地名という（中国作家協会昆明分会民間文学工作部編 1962, p.16）。また、「深い谷」という解釈（和志武 1983；1994）もある。

59 「金鉱」の比喩。

60 手につけるのが男であるテクスト（和志武 1987a）もある。

61 Oq jjiq（オ・ジ）。Oq は「トルコ石」、jjiq は「水、川」の意。また、「深い影の谷」とする解釈（和志武 1983；1994）もある。

晶の母が出た。有能な二兄弟が、高い崖の間に住み、伐るのは黒水晶。知恵の二姉妹が、スの川[62]の下流に住み、穿つのは黒水晶。珊瑚のような黒水晶を、良き男の首に掛ければ、良き男の体は美しくなった。

【第12葉】 良き娘が腰につければ、良き娘の腰は美しくなった。娘と男の求めるものを一つ得た。牧人は伐らずにはいられず、伐られていないその木のもとで、ひと振りに伐りつけると、一ひらの白い葉が落ち、法螺貝の育つ海に落ちた。白い法螺貝の母が出た。法螺貝を磨く者がいなかったので、手仕事の上手な男が磨き、白い法螺貝を磨き、良き男が身につければ、良き男の体は美しくなった。良き娘が身につければ、良き娘の体は美しくなった。娘と男の求めるものを一つ得た。牧人[63]は伐らずにはいられず、伐られていないその木のもとで、ひと振りに伐りつけると、一ひらの赤い葉が落ち、高原の牧場に落ち、赤い葉は蔓《つる》[64]に変わり、蔓の母が出た。蔓を見る者がいなかったので、目の良いバ[65]の者が見る。蔓を伐る鉄がなかったので、バの鋭い鉄で伐り、蔓で刀を巻き、右に三巻き、左に三巻き。この大刀を男が掛ければ、良き男の体は美しくなった。娘と男の求めるものを一つ得た。牧人は伐らずにはいられず、伐られていないその木のもとで、ひと振りに伐りつけると、一ひらの斑《まだら》の葉が、高原の牧場に落ち、斑《まだら》の伐りくずは赤虎に変わり、赤虎の母が出た。虎を見るのは娘。虎を射るのは男。虎皮を

62　See jjiq。四川省木里チベット族自治県内の無量河。

63　楊樹興ほか1986では、これをyeq（情死の霊）とするが、文脈と合わない。

64　ggumiq（グミ）は、もともと籐（とう）の意だが、のちに竹をも指すようになった。この一文の中では、ggumiqとmeel（ム、竹）が共に使われている。総じて、竹や植物の蔓の意であろう。

65　Bbe。現在のナシ語では、プミ（普米）族の意である。

剥いで鞍《くら》として、虎皮を剥いで矢筒《やづつ》とし、虎皮を剥いで刀の鞘《さや》とする。娘と男の求めるものを一つ得た。牧人は伐らずにはいられず、伐られていないその木のもとで、ひと振りに伐りつけると、一ひらの黄の葉が落ち、十二の峰間の谷[66]に落ち、黄の葉は黄金の竹に変わり、黄金の竹の母が出た。竹は穴を穿《うが》つ者がいなかったので、口の赤い虫が穿つ。

【第13葉】 竹は吹く者がおらず、白い風がそれを吹けば、一吹きで百千の音が出る。黄金の竹の横笛にして、この良く鳴る黄金の横笛を、父が吹けばヒュウヒュウと響き、息子は心悲しくなる。黄金の竹の口琴にして、この黄金の竹の口琴を、母が弾けばウォンウォンと鳴り、娘は心悲しくなる。黄金の竹の葫蘆笙《ころしょう》にすれば、一吹きで百千の音が出る。葫蘆笙で輪になって踊り、牧人たちは楽しく過ごす。娘と男の求めるものを一つ得た。

▼赤い麻布を頭に結び、ムグカツェミ[67]、姉は銀の鍬《くわ》を持ち、カツェカラミ[68]、妹は金の鍬を持ち、水を分け、水を引く。グドュツェナゾ[69]、兄は銀の刀を掛け、白銀の鍬を持ち、ツェナツェユゾ[70]、弟は金の刀を掛け、黄金の鍬を持ち、水を分け、水を引く。水が流れるのは十二すじ、六すじは上に引き、六すじは下に引く。鶺鴒《せきれい》は砂金を掬《すく》わないが[71]、白い川を谷に引く。烏《からす》は羊を放牧しないが[72]、黒い川を谷に引く。白松は木くずが出ないが[73]、松脂《まつやに》の川を谷に引く。赤牛は膵臓を取りだ

66 Ceiq ni jjekeq bbuq（ツェニ・ジュカ・ボ）。山中にある情死の霊の住処。ceiq ni は「十二」、jjekeq は、「尾根の低くなっている所」、bbuq は「坂、斜面」【☞注3】。「十二」とは、山中のより奥まった所であることを表す。

67 Meeggv gelzei mil。情死した娘。mil（ミ）は「娘」の意。以下の名前でも同じ。

68 Gelzei gellerq mil。情死した娘。

69 Ggvddeeq zeinal sso。情死した男。sso（ゾ）は「息子」の意。以下の名前でも同じ。

70 Zeinal zeiyeq sso。情死した男。

71 次の句の「白い」を導く文飾。

72 次の句の「黒い」を導く文飾。

73 次の句の「松脂」を導く文飾。

さないが[74]、血の川を谷に引く。

【第14葉】 白羊は胆を取りださないが[75]、苦い川を谷に引く。蜜蜂は針を取りださないが[76]、甘い川を谷に引く。水が流れるのは十二すじ、六すじは上に引き、六すじは下に引く。千々の大きな濁流、ラツュ[77]の大きな硝水[78]の川、塩源[79]の大きな塩辛い川、バズ[80]の大きな甘い川、左は大きなスの川[81]、右は大きなゴの川[82]、間は大きなダの川[83]。人の栄える広い大地に、牧人はみな、駿馬に鞍をつけ、犬に首輪をつけ、良き男は鎧を身につけ、良き女は黒水晶を掛ける。九重の柵が開き、ヤクは逃げ下りて来た。百の目の垣が開き、羊は逃げ下りて来た。七層の木組みの門が開き、豚は逃げ下りて来た。上に白石の九つの門が開き、牧人は逃げ下りて来た。

【第15葉】 下に黒石の七つの門が開き、牧人は逃げ下りて来た。ムグカツェミは、トルコ石の車[84]に乗り、カツェカラミは、黄金の車に乗り、ラグクツミ[85]は、黒水晶の馬に乗り、牧人は下りて来た。ズブユレパ[86]は白い額の馬に乗り、カメジュミチ[87]は緑の木の馬に乗り、牧人は下りて来た。コシュワブルゾ[88]は、羊を放つ黄の馬に乗り、ブルアシゾ[89]は、黄木の馬に乗り、アシセユゾ[90]は、緑の木の馬に乗り、牧人は下りて来た。東のユ[91]の女頭目、トカシャニマは、大きな足の赤虎に乗り、牧人は下りて来た。南のユの女頭目、チトゥユチュマは、トルコ石の龍に乗り、牧

74　次の句の「血」を導く文飾。
75　次の句の「苦い」を導く文飾。
76　次の句の「甘い」を導く文飾。
77　Laciul。一説には、廸慶チベット族自治州維西リス族自治県のこと（中国作家協会昆明分会民間文学工作部編 1962, p.23）。ただし、現在のナシ語では、この維西県は Ninaq（ニナ）という。
78　cee（ツ）。硝またはアルカリ分を含んだ水。赤黄色で、辛みがある（李霖燦 1972, p.20）。
79　Hoq（ホ）。四川省涼山イ族自治州塩源県。また、チベット自治区マルカム県塩井郷との説もある（中国作家協会昆明分会民間文学工作部編 1962, p.23）。
80　bbaissee。一説に、ミツバチ。楊樹興ほか 1986 では、地名と解釈しているようである。
81　See jjiq。無量河。【☞注 62】
82　Ggu jjiq。河川名だが不詳。一説に、雅礱江。青海省南部に発し、四川省西部を南下して金沙江に合流する川。
83　Dda jjiq。河川名だが不詳。また、ここを Na jjiq（金沙江、すなわち長江上流部）とするテクスト（和志武 1983；1987a；1994）や、Sho jjiq（不詳）とするテクスト（和即貴・和宝林 1999-2000b）もある。

人は下りて来た。

【第16葉】 西のユの女頭目、カダチツマは、白い胸の黒熊に乗り、牧人は下りて来た。北のユの女頭目、タラツジマは、白い斑《まだら》の獺《かわうそ》に乗り、牧人は下りて来た。天地の間のユの女頭目、パテュハルマは、一角の青羊に乗り、牧人は下りて来た。ユの女頭目、コジシムマは、黄金の蛙に乗って、牧人は下りて来た。ユの女頭目、メツルムマは、白い前足の雌ヤクに乗り、牧人は下りて来た。

【第17葉】 ユの女頭目、メツムムマは、トルコ石の龍に乗り、ユの女頭目、メツムシマは、蛇皮模様の白鹿に乗り、ユの女頭目、パワハルマは、白い額の黒いズ[92]に乗り、牧人は下りて来た。ユの女頭目、ラウティカマは、星の白馬に乗り、ユの女頭目、コツェテュムマは——

【第18葉】 大きな足の赤虎に乗り、牧人は下りて来た。ユの女頭目、ブチチャドゥマは、艾《よもぎ》の馬に乗り、ユの女頭目、ドゥジイダマは、白雲の馬に乗り、ユズアズ[93]は、変化《へんげ》の馬[94]に乗り、カトゥスィクヮ[95]は、牙の長い雄牙麞《きばのろ》[96]に乗り、牧人は下りて来た。

84 Cheyeq（チャユ）。木の車輪がついた車。以下の車も同様。

85 Lerqggv keezeel mil。情死した娘。

86 Zzeeqbbv yuleiq perq。この物語の男性主人公。

87 Kaimei jjeq milji。この物語の女性主人公。mil は「娘」、ji（jil）は「小さい」、あるいは「一人っ子」の意。

88 Go shuaq bbv lvl sso。情死した男。「高原で羊を放つ男」の意。また、高原で羊を放牧している時、情死の霊の歌声と口琴を聞き、寂しさのあまり自殺した者とも言われる（Rock1939, p.4）。注89、注90の二人も同様。

89 Bbv lvl elsheeq sso。情死した男。「羊を放つアシ（不詳）の男」の意。

90 Elsheeq seilyeq sso。情死した男。また、これ以下に見える人名もいずれも情死した者である。

91 yeq。情死の霊。【☞122頁】

92 zzeeq。ヤクと牛の一代交配種。漢語名は、「犏牛（ピェンニウ）」。【☞64頁】

93 Yeqzzee ezzee。情死の女神。また、前頁からここまでに登場するトカシャニマ（Do gel shel ni maq）、チトゥユチュマ（Jil tv ye juq maq）、カダチツマ（Ka ddaiq qiq ceel maq）、タラツジマ（Tal la zeel jji maq）、パテュハルマ（Ba tiu ha leel maq）コジシムマ（Goq rhee xiq me maq）、メツルムマ（Meiq zeel

luq mee maq)、メツムムマ(Meiq zeel mee mee maq)、メツムシマ(Meiq zeel mee sheeq maq)、パワハルマ(Ba we ha leel maq)、ラウティカマ(La wuq ti ka maq)、コツェテュムマ(Goq zei tiu mee maq)、ブチチャドゥマ(Bbvq chee jer ddvq maq)、ドゥジイダマ(Ddvq rhee yi dder maq)は、いずれも情死の女神。

94 楊樹興ほか1986では「蛙の馬」とする。ここでは、和志武1983；1987a；1994に従った。

95 Geltv sigua。情死の男神。ユズアズの恋人。また、次のミマセテ(Mi maq seiq deil)、クザナム(Gee ssaq naq mu)も情死した者。

96 楊樹興ほか1986では「尾の禿げた牙礱」とする。ここでは、和志武1983；1987a；1994に従った。

97 【☞注17】

98 煙、印とも、かつて行われた通信方法。

【第19葉】 ミマセテは、赤い銅の馬に乗り、クザナムは、黒風の馬に乗り、牧人は下りて来た。牧人はみな、冬の三月《みつき》、冬に行くと言うが、白い雪がはらはらと降り、足はあれども靴がなく、冷たい風がびゅうびゅうと吹き、体はあれども衣なく、冬には行くことができない。冬が終わり春になり、春の三月《みつき》、春に行くと言うが、郭公《かっこう》は砂利の中で動き回り、郭公が鳴くと糧《かて》は尽き、春には行くことができない。春が終わり夏が来て、夏の三月《みつき》、夏に行くと言うが、大雨がざあざあと降り、良き男は破れ衣を着て、駿馬には壊れた鞍をつけ、馬の蹄《ひづめ》はぬかるみを踏み、夏には行くことができない。秋の三月《みつき》、木には銀の花が咲き、岩には金の花が咲く。山には黄の花が咲き、谷には緑の花が咲く。秋の三月《みつき》、秋の雨はやまず、水は流れて坂に満ち、水は流れて谷に満つ。

【第20葉】 木が生えて山に満ち、樅《もみ》と児手柏《このてがしわ》の梢が連なり、高くて登れない。松とブ[97]の根は太く、太くて抱えられない。悪いのは龍が悪い、娘の橋と男の橋を壊す。男は気が大きく、橋を渡って岸に着いた。女は気が小さく、橋を渡って岸に着けない。九十の金の息子たち、男はあちらの岸に隔てられ。七十の金の娘たち、娘はこちらの岸に隔てられ。夜に泊まる相手に会えず、朝に歩く相手に会えず。高い坂に煙を上らせても、求める時に出会えない。白松に印をつけても[98]、悲しい時に出会えない。九十の金の息子たち、良き男は知恵を出し、上流に橋をかける。石橋を一つかけるも、黒石は痛んで弱く、一足踏めばすぐ崩れ、緑の三足の靴を履きつぶし、牧人の橋はかけられない。

【第21葉】 七十の金の娘たち、娘は知恵を出し、下流に橋をかける。麻の茎の橋を一つかけるも、麻の茎は痛んで弱く、一足踏めばすぐ折れて、絹の三足の靴を履きつぶし、牧人の橋はかけられない。鶺鴒《せきれい》は互いに仲がよく、私たちもなんと仲がよい。クドゥ[99]は燕麦と仲がよく、私たちもなんと仲がよい。雲がかかる雪山から、雪山の崖に着く。ホの川[100]から、グの川へ着き、広大な金沙江に着く[101]。白松を船にして、白楊を櫂《かい》にして、左に三漕ぎ、右に三漕ぎ、こちらの岸からあちらに着いた。牧人の橋を一つ得た。ラパラユ[102]の地、前足の白い山羊をつぶし、山羊の皮を剥いで湿った皮袋にし、湿った皮袋を空気の皮袋にし、空気の皮袋に油を塗って、左に三漕ぎ、右に三漕ぎ、手でも三漕ぎ、足でも三蹴り、あちらの岸からこちらへ着いた。牧人の橋を二つ得た。翌日の朝、村はずれの堀の所で、黒蟻が知恵を出し、黒い橋を架けるのを見る。牧人のできないことは、黒蟻に学ぶ。白蝶が橋を一つかける。白艾《よもぎ》の橋を一つかける。できない仕事は、白蝶に学ぶ。

【第22葉】 渡りの綱[103]をかけられない。蜘蛛が糸を引くのを見る。北から南に引く。九十の金の息子たち、下にバ[104]の門の所、三叢の蔓が生え、

99 keeddvq。野生の植物で種から油がとれる。漢語名は「野壩子（イェパーズ）」。

100 Hoq yibbiq（ホ・イビ）。河川名だが不詳。一説に、Ggu jjiq【☞注82】と同じ雅礱江。

101 この文は、Sheeq yibbiq（シ・イビ、黄金の川。sheeq は「黄」）から、ホの川を経て、金沙江に着くとするテクスト（和志武 1983；1987a；1994）もある。

102 Labeq layeq。玉龍ナシ族自治県宝山郷。

103 lo（ロ）、または lol'erq（ロア、erq は「綱」）。漢語名は「溜索（リュウスオ）」。川を渡るための ロープ。ここでは「渡りの綱」と訳しておく。ロープにぶら下がるための道具が lolbiu（ロピュ、渡りの板。漢語名は「溜板」・「溜斗」）である。現在では、滑車が使われている。【☞126頁】

104 【☞注65】

それを見る者がいないので、目の良いバが見て、バの鋭い鉄で伐る。一叢を伐ってきて、蔓の渡りの綱を作り、白樺の渡りの板を作り、あちらの岸からこちらへかける。牧人の橋を三つ得た。高原に煙を上らせて、求める時にまた会える。白松に印を刻み、悲しい時にまた出会う。晩の男女の語らいに会い、朝に歩く伴侶に出会う。牧人はみな、楽しげに話し笑う。鉄の足で鉄の門を跨ぎなさい。鉄の敷居を跨ぎなさいと[105]。天高く星の見える崖の下、二人が寝るには足りず、二人で拓けば、三人で寝てもまだ広い。広い大地の村で、二台の唐鋤《からすき》で耕すには足りず、二台で拓けば、三台で耕してもまだ広い。天高く星の見える崖の下、良き男は放牧の糧《かて》[106]を作り——

105　楊樹興ほか1986では、この部分は意味がほとんど不明である。また、和即貴・和宝林1999-2000bでは「鉄の足は軽やかに、鉄の敷居を跨ごうと」となっている。

106　qiq（チ）。次の句の、発音がこれと近いqil（チ、寒い・悲しい）を導く。このように、後の句と同音もしくは近い音の語を含む句を前に置き、後の句と関連させた修辞的技巧を「ツェジュ（zeijju）」と呼ぶ。ツェジュはナシ族の民謡でも多用される技巧である。

【第23葉】　人の栄える広い大地、悲しい羊の高原に行く。牧人はみな、一日目に行くと言うが、赤い木椀には足一つ。足はあれども歩けずに、一日目には行きづらい。二日目に行くと言うが、黒い鶏には足二本。鶏は飛んでも高くは飛べず、二日目には行きづらい。三日目に行くと言うが、五つの石で三つの竈《かまど》を築く。この竈《かまど》を築いていて、三日目には行きづらい。四日目に行くと言うが、駿馬には蹄《ひづめ》が四本。四本の蹄が揃わずに、四日目には行きづらい。五日目に行くと言うが、五千の木組みの家。この家を建てていて、五日目には行きづらい。六日目に行くと言うが、六百の垂木《たるき》の家、この家を建てていて、六日目には行きづらい。七日目に行くと言うが、北斗七星の白い尻尾。この星が出ていたので、七日目には行きづらい。八日目に行くと言うが、八日目には麦の穂を刈る。その穂を刈っていて、八日目には行きづらい。九日目に行くと言うが、九日目の夜は薄板の家。その家を建てていて、九日目には行きづらい。十日目に行くと言うが、十日目の夜はトンバの住む家。その家を建てていて、十日目には行きづらい。十一日目から十二日目になるその夜に、天が逃げないうちにまず星が逃げ、地が逃げないうちにまず草が逃げ、木が逃げないうちにまず葉が逃げ、水が逃げないうちにまず泡が逃げ、男が逃げる逃げないと言ったら、男が逃げるは三十人が逃げ、三十三人が逃げ、三十三日が経った。女が逃げる逃げないと言ったら、女が逃げるは四十人が逃げ、四十四人が逃げ、四十四日が経った。男は囲炉裏の前に座り、女は囲炉裏の後に座り、カメジュミチは囲炉裏のまん中で、心に悪いことを考えた[107]。

【第24葉】 良い心で曇ったことを考えている。良い心で悪いことを考えている。良い者には良い連れがいる。悪い者には悪い連れがいる。足の悪い者には連れがなく、杖がその連れである。目の悪い者には連れがなく、杖がその連れである[108]。九十の金の息子たち、男が娘に与えるに、与えない物はなく、小さな鏡を与える。七十の金の娘たち、娘が男に与えるに、与えない物はなく、白銀の腕輪を与える。身に着ける物は背中の荷ほど。手に持つ物は籠にいっぱい。飛べるものの十

107　カメジュミチは、自分だけ伴侶がいないので、良くないことを考えた、という意味。なお、この文は楊樹興ほか 1986 と和志武 1983；1994 では全く異なる意味の解釈になっている。

108　この文は、和即貴・和宝林 1999-2000b では、カメジュミチからズブユレパへの言葉として記されている。また、この部分のように、ナシ族の経典には身体の障害に対する差別的な表現が含まれていることがあるが、伝承の記録という観点から、そのままに訳していることをご了承いただきたい。

日の道のり、一日では着くことを得ず。カメジュミチ、伴侶を知らず。天と地の白い麻布を織る。トルコ石を紡錘にして、黒水晶を機軸《はた》にして、黄金を筬《おさ》にして、白銀を綜絖《そうこう》にして、足は休んでも手は休まず、手は休んでも心休まず、カメジュミチ、三咫《あた》[109]三寸も織らぬのに、カメジュミチ、目は開いているのに何もできず、ふと上を見れば、来るのが見える、良く飛ぶ鳥が来るのが見える。カメジュミチが言うに、良く飛ぶ[110]黒烏《からす》よ、荷を背負うのは重いけれど、言伝《ことづて》を背負うのは重くない。

【第 25 葉】 木を背負うのは重いけれど、葉を背負うのは重くない。水を背負うのは重いけれど、泡を背負うのは重くない。私の黄木のお父様[111]、黒水晶のお母様[112]、恋人[113]の所に伝えてください。人の住む天の下、ズュ[114]の捕まえていない、残った星が三つある。その一つは私です。広大な地の村に、羊の咬んでいない、青い草が三叢生えている。その一つが私です。広い村の中で、男の接していない、残った娘が三人いる。その一人が私です。馬を呼び牛を呼ぶように、私を呼んでください、と。駿馬に金の鞍をつけ、私を迎えてください、と。スカートを荷物に入れて、私を迎えてください、と。良く飛ぶ黒烏《からす》よ、このように言ってください、と。良く飛ぶ黒烏《からす》は、飛んで行ってその黄木の父、黒水晶の母、恋人の所に行って言った。私の所のカメジュミチが言うに——

109 rher（ジャ）。親指と中指を広げた長さ。

110 「良く飛ぶ」を ebbvq（兄）とするテクスト（和志武 1983；1987a；1994、和即貴・和宝林 1999-2000b）もある。

111 yuqpei（ユペ）。夫の父、しゅうと。

112 yuqmei（ユメ）。夫の母、しゅうとめ。

113 layeq zzeeheeq（ラユ・ズフ）。layeq は愛の伴侶、zeeheeq は友の意。また、zeeheeq については、男女が友人に付き添われて恋人を訪問する時の、付き添いの友人を指すという説もある（Rock1939, p.26）。

114 【☞注 11】また、ssiuq は男性の星という説もある（Rock1939, p.27）。

【第26葉】 人の住む天の下、ズュの捕まえていない、残った星が三つある。その一つは彼女です。広大な地の村に、羊の咬んでいない、青い草が三叢生えている。その一つが彼女です。広い村の中、男の接していない、残った娘が三人いる。その一人が彼女です。馬を呼び牛を呼ぶように、彼女を呼んでください、と。バ[115]の馬に金の鞍をつけ、彼女を迎えてください、と。スカートを荷物に入れて、彼女を迎えてください、と。その家の黄木の父、黒水晶の母、恋人の三人が言うには、人の住む天の下、ズュの捕まえていない、残った星が三つある。その一つが彼女ではない。星の光が続かない、夏の三月《みつき》に、日と月が雲に覆われて、黒々としているもの[116]。残った星ではなく、一つの悪い星が彼女だ。広大な地の村に、羊の咬んでいない、残った草が三叢生えている。その一つが彼女ではない。冬の三月《みつき》に、草の緑が続かない、冬の霜に殺されて、枯れ朽ちている[117]。残った草ではなく、一叢の悪い草が彼女だ。

【第27葉】 広い村の中で、男の接していない、残った娘が三人いる。その一人が彼女ではない。癩《らい》の出た男かも知れず[118]、瘡《かさ》の出た馬かも知れず、蛇の子がうようよ腹にいるかも知れず、蛙の子がぴょんぴょん腰にいるかも知れず、残った女ではなく、一人の悪い女が彼女だ。彼女が首を吊ったとしても、馬を呼び牛を呼ぶように、彼女を呼ぶことはない。バの馬に金の鞍をつけ、彼女を迎えることはない。スカートを荷物に入れて、

115 【☞注65】

116 原文は、naq ddee kvlkv gge。naq（ナ）は「黒い」、ddeeq kvlkv（デュ・クク）は擬態語、gge（ガ）は「…のもの」。なお、このddeeqを「一」、kvlを「年」と解釈し、「そのような星と同じ生まれ年の」とする解釈（Rock1939, p.33）もある。

117 原文は、lei ddeeq kvlkv ggv。leiは「枯れる」、ddeeq kvlkvは擬態語、ggvは「…になる」。前注と同じく、これを「そのような草と同じ生まれ年の」とする解釈（Rock1939, p.34）もある。

118 さらにこの部分に続けて、「このような男と関係した女だ」という解釈を加えるテクスト（Rock 1939, p.35）もある。また、この部分にも、特定の疾病に対する差別的な表現が含まれているが、注108と同様、伝承の記録という観点から、そのままに訳していることをご了承いただきたい。

119　Leilqidvzzee。不詳。zzee が、次の句の zzee（伴侶、友）と同音になるツェジュ。

120　Jjekeq ekel。jjekeq は「尾根の低くなっている所」【☞注 3】。ekel は不詳。この句の bbuq（坂）が、次の句の bbuq（伴侶、結婚相手）と同音になるツェジュ。

彼女を迎えることはない。レチトゥズ[119]の坂に、彼女の伴侶を自分で探しに行け、と。ジュカアカの坂[120]に、彼女の伴侶を自分で探しに行け、と。要らない、彼女は要らない、こう言いなさい。良く飛ぶ黒烏《からす》は、この知らせを携えて、カメジュミチの所に飛んで来ると、君の黄木の父、黒水晶の母、恋人が言うには、人の住む天の下、ズュの捕まえていない、残った星が三つある。その一つが君ではない、と。星の光が続かない、日と月が雲に覆われて、黒々としているもの。残った星ではなく、一つの悪い星が君だ、と。

【第 28 葉】　広大な地の村に、羊の咬んでいない、残った草が三叢生えている。その一つが君ではない、と。草の緑が続かない、冬の霜に殺されて、枯れ朽ちているもの。残った草ではなく、一叢の悪い草が君だ、と。広い村の中で、男の接していない、残った娘が三人いる。その一人が君ではない、と。癩の出た男かも知れず、瘡の出た馬かも知れず、蛇の子がうようよ腹にいて、蛙の子がぴょんぴょん腰にいるかも知れない、と。君が首を吊ったとしても、馬を呼び牛を呼ぶように、君を呼ぶことはない。バの馬に金の鞍をつけ、君を迎えることはない。スカートを荷物に入れて、君を迎えることはない、と。レチトゥズの坂に、君の伴侶を自分で探しに行け。ジュカアカの坂に、君の伴侶を自分で探しに行け、と。カメジュミチが言うに、湿地に黒豚を放つ[121]。誠実でない相手は探さずに、誠実な相手を探す。私は、虎が

121　bbuq（豚）と lvl（放牧する）が、次の二句の bbuq（結婚相手）と lvl（探す）と同音になるツェジュ。

走る高原で、高くなければ虎は越えず、高ければ虎が越えるようなもの。カメジュミチが言うに、私の体にうごめくものはいない。心に覚えはないのですか。羊が噛んだ草[122]の甘味を、心に覚えはないのですか。

【第29葉】 カメジュミチは、天地の白い麻布を織るも、織らずに三月《みつき》になっていた。麻布を織るその時に、三咫《あた》三寸も織らぬのに、目が開いているのに何もできず、ふと上を見れば、良く飛ぶものが来るのが見える。カメジュミチが言うに、良く飛ぶ黒烏《からす》よ、荷を背負うのは重いけれど、言伝《ことづて》を背負うのは重くない。木を背負うのは重いけれど、葉を背負うのは重くない。水を背負うのは重いけれど、泡を背負うのは重くない。ズブユレパの所に伝えておくれ。穀の種をまき、穀が実ったが、穀を刈りに来ない。銀でなければ金に嵌め込めない。トルコ石でなければ黒水晶に嵌め込めない。松でなければブ[123]を覆えない。白い蔓でなければ、白松に千万回も巻きつけない。おじの息子でなければ、おばの娘を独占できない[124]。私たち二人、昨日や一昨日《おととい》、牧人の言った三言は、心の中にまだあるはず。白鹿が飲んだ硝水[125]の味は、口の中にまだあるはず。羊が食べた草の味は、心の中にまだあるはず。

【第30葉】 馬を呼び牛を呼ぶように、私を呼んでください、と。駿馬に金の鞍をつけ、私を迎えてください、と。スカートを荷物に入れて、私

122　これを「ユ (yeq)」とするテクスト（和志武 1983；1987a；1994、和即貴・和宝林 1999-2000b）もある。「ユ」は羊が好む香草。「情死の霊」と同音だが、別の語である。
【☞ 159 頁・写真】

123　【☞注 17】

124　女性に対して、母方のおじの息子が結婚の優先権をもつ、いわゆる交叉イトコ婚。【☞ 43 頁】

125　【☞注 78】

を迎えてください、と。このように言ってください、と。良く飛ぶ黒烏《からす》は、その言伝《ことづて》を携えて、ズブユレパの所に飛んで行った。カメジュミチが言うに、銀でなければ金に嵌《は》め込めない。トルコ石でなければ黒水晶に嵌《は》め込めない。松でなければブを覆えない。白い蔓でなければ、千万回も巻きつけない。おじの息子でなければ、おばの娘を占有してはいけない、と。昨日や一昨日《おととい》、牧人の言った三言は、心の中にあるでしょうか。白鹿が飲んだ硝水の味は、口の中にまだあるはず。羊が食べた草の味は、心の中にまだあるはず。馬を呼び牛を呼ぶように、彼女を呼んでください、と。バの馬に金の鞍をつけ、彼女を迎えてください、と。スカートを荷物に入れて、彼女を迎えてください、と。

【第 31 葉】 ズブユレパが言うには、冬の三月《みつき》、冬に行くと言うが、白い雪がはらはらと降り、足はあれども靴がなく、冬には行くことができない。春の三月《みつき》、春に行くと言うが、郭公は砂利の中で動き回り、郭公が鳴くと糧《かて》は尽き、春には行くことができない。夏の三月《みつき》、夏に行くと言うが、大雨がざあざあと降り、体はあれども衣なく、良き男は破れ衣を着て、駿馬には壊れた鞍《くら》をつけ、夏には行くことができない。秋の三月《みつき》、秋に行くと言うが、秋の仕事が九つあり、働けども終わりなく、百種の穀を内にしまい、高原の牧場で、羊を放って三十日、他の仕事は休めても、放牧は休めない。ズブユレパは、家に帰れず。ズブユレパが言うに、一日帰れず、一月帰れず、一年帰れず。ズブユレパは、一朝帰らずと思いきや、はや三年となった。カメジュミチは、麻の細縄を持ち、木に首を吊りに行ったが、木の梢《こずえ》は黒々として、髪の毛も黒々として、木は分かってくれず、ここで吊れとも言わず。黒石を懐《ふところ》に入れ、川に跳び込みに行ったが、水面《みなも》の波紋は真っ白で、女の目も真っ白で、川は分かってくれず、ここで死ねとも言わず。足には金の靴を履き——

【第 32 葉】 崖に跳び下りに行ったが、岩壁は真っ白で、女の顔も真っ白で、崖は分かってくれず、ここで死ねとも言わず。カメジュミチ、切らねば一幅の布を得ず、切って一幅の布を得る。機を織るその時に、ユズアズ、カトゥスィクヮの二人が変化《へんげ》して、一声が百千の声となり、ツ[126]になりなさい、ユ[127]になりなさい、と。人の地は、仕事をしても食を得ず。放牧しても乳を得ず。罠をかけても取り分を得ず。放牧しても衣を得ず。カメジュミチ、良き目で良き高原を見においで、と。良き足でユッ[128]を踏みにおいで、と。良き手でヤクの乳を搾りにおいで、と。雲の中の高原に立ち、高原の冷たい水を飲みにおいで、と。

【第 33 葉】 木に実った金の蜜[129]を食べにおいで、と。木の葉の金の水を飲みにおいで、と。赤虎で乗馬をしにおいで、と。白鹿を耕牛《こうぎゅう》にしにおいで、と。耳の広い雌鹿の乳を搾りにおいで、と。白い雲と風のように漂いにおいで、と。カメ

126 cee。首吊りの霊。
【☞ 122 頁】

127 yeq。情死の霊。
【☞ 122 頁】

128 yelzeeq。羊が好む香草である「ユ」に同じ。
【☞注 122】

129 冬になると、松や杉の木に一種の蜜がつくという(中国作家協会昆明分会民間文学工作部編 1962, p.83)。

ジュミチは、この言葉を真《まこと》と思い、良い心で曇ったことを考えた。良い心で悪いことを考えた。カメジュミチが言うに、人が首を吊るのを見たことがない、と。ユズアズ、カトゥスィクヮの二人が変化《へんげ》して、天では三すじの白雲が首を吊り、地では三叢の青草が首を吊り、シロ大山の頂《いただき》では、三吹きの白風が首を吊る。カメジュミチは、首を吊るのをその目で見る。緑の首の小さな蛇は、カメジュミチの織り機の柱で首を吊り、トルコ石の目と黒水晶の目が落ちる。死ぬのは易しいようで、生きるのは苦しいようだ。

【第34葉】 ムグカツェミ[130]は、天の頭で首を吊り、頭からトルコ石の羽毛と黒水晶の羽毛が落ちる。カツェカラミ[131]は、天の肋《あばら》で首を吊り、頭から銀の羽毛と金の羽毛が落ちる。ラグクツミ[132]は、天の尾で首を吊り、頭から白銀の泡が落ちる。カメジュミチは、首を吊るのをその目で見る。死ぬのは易しいようで、生きるのは苦しいようだ。嘴《くちばし》の真っ直ぐな白鶴は、白雲の間で首を吊り、銀の羽毛と金の羽毛が落ちる。トルコ石の目と黒水晶の目が落ちるよう。松の爪とブの爪が落ちるよう。死ぬのは易しいようで、生きるのは苦しいようだ。トルコ石の郭公《かっこう》は、緑の木で首を吊り、足の赤い白雉《しらきじ》は、緑の児手柏《このてがしわ》で首を吊り、銀の羽毛と金の羽毛が落ちるよう。白い鳥は、青竹の茂みで首を吊り、銀の羽毛と金の羽毛が落ちるよう。風を吸う斑《まだら》の鷹[133]は、白松の木で首を吊り、銀の羽毛と金の羽毛が落ちるよう。これらが

130 【☞注67】

131 【☞注68】

132 【☞注85】

133 nisseil ggv rhaiq（ニゼグジャ）。斑点のある鷹。ggvは「体」、rhaiqは「斑」。しばしば風を受けて空中に留まっていることから、現地の漢語で「吸風鷹」と呼ばれる（李霖燦 1972, p.60）。

首を吊るのを見ると、死ぬのは易しいようで、生きるのは苦しいようだ。

【第 35 葉】 黒鷹は網の下で首を吊る。トルコ石の羽毛と黒水晶の羽毛が落ちるよう。白蝶は黄色い茨《いばら》で首を吊る。銀の羽と金の羽が落ちるよう。黒蟻は、緑の茂みで首を吊る。トルコ石の羽と黒水晶の羽が落ちるよう。大虎は、高原で首を吊る。銀の模様と金の模様が落ちるよう。これらが首を吊るのを見ると、死ぬのは易しいようで、生きるのは苦しいようだ。蛇皮模様の白鹿は、杉の木で首を吊る。トルコ石の角と黒水晶の角が落ちるよう。松の足とブの足が落ちるよう。首を吊るのを彼女が見ると、死ぬのは易しいようで、生きるのは苦しいようだ。雄の青羊は、高い崖で首を吊る。トルコ石の毛と黒水晶の毛が落ちるよう。松の角とブの角が落ちるよう。トルコ石の目と黒水晶の目が落ちるよう。首を吊るのを彼女が見ると、死ぬのは易しいようで、生きるのは苦しいようだ。

【第 36 葉】 カメジュミチは、心穏やかでなく、良いことを言っても悪いことを考える。カメジュミチは、麻の細縄を持ち、木に首を吊りに行ったが、娘の影が木に映ると、木の梢《こずえ》は黒々として、娘の頭も黒々として、木は言うべき言葉を知らず。ここで吊れとも言わず。首を吊らずに戻ってきた。カメジュミチは、足に金の靴を履き、崖に跳び下りに行ったが、娘の影が崖に映ると、崖壁は真っ白で、娘の顔も真っ白で、崖は言うべき言葉を知らず。ここで死ねとも言わず。跳び下りずに戻ってきた。カメジュミチは、黒石を懐《ふところ》に入れ、川に跳び込みに行ったが、娘の影が川に映ると、水の波紋は黒々として、娘の目も黒々として、川は言うべき言葉を知らず。ここで死ねとも言わず。跳び込まずに戻ってきた。カメジュミチが言うに[134]、ヤク毛の縄は分かってくれるか。ヤク毛の縄が分かってくれないのなら、娘の喉が息絶える前に、ヤク毛の縄は切れてくれ。ヤク毛の縄が分かってくれるなら、娘の喉が息絶えた後に、ヤク毛の縄は切れてくれ。木が分かってくれるなら、娘の喉が息絶えた後に、木の枝は折れてくれ。木が分かってくれないのなら、娘の喉が息絶える前に、木の枝は折れてくれ。カメジュミチは、水辺の西、高い崖の桑の木[135]で首を吊った。ヤク毛の縄で首吊りをする慣わしは、その由来がここに出た。

【第 37 葉】 ズブユレパは、一頭の黒い雌牛がどこへ行ったか分からない。家畜を失い探さなければノ[136]が怒る。穀を失い探さなければチ[137]が怒る。ズブユレパは、見えなくなった牛を探して、高い崖の桑の木の下に着いた。カメジュミチは、体は死んでも魂は死なず、その魂が言う。ズブユレパに言うに、私は死んで生きていない。生きた若者ではなくなった。ズブユレパが言う。死んで祖先の霊[138]になったのか。カメジュミチが言う。昨日や一昨日《おととい》、千の良い知らせ[139]を、白鶺鴒《せきれい》が

134　以下の言葉が、カメジュミチと桑の木の問答として述べられているテクスト（和志武 1983；1987a；1994）もある。

135　カメジュミチが首を吊った場所を、シロ山【☞注 2】とするテクストもある（和志武 1983；1987a；1994，和即貴・和宝林 1999-2000b, Rock 1939）。また、首を吊った木については、桑ではなく、「ダ（ddai、コナラ属の木。学名は Quercus cleistocarpa）」とする解釈（Rock 1939, p.77；1963b, p.338）もある。

136　【☞注 5】

137　【☞注 6】

138　yuq（ユ）。正常な死に方をし、儀礼を施されて祖先の地へ戻った霊。ここでは情死の霊の「yeq（ユ）」と区別してこのように訳した。【☞ 117～121 頁】ただし、カメジュミチは正常な死に方ではない。

139　原文は、perq ko（白い声）。次の句の白鶺鴒と呼応する。

携えて、百の悪い知らせ[140]を、黒烏《からす》が携えて、あなたの所に行かなかったか、と。ズブユレパが言うに——

【第 38 葉】 千の良い知らせを携えて、百の悪い知らせを携えて、自分の所に来たけれど。ズブユレパが言う。自分は、冬の三月《みつき》、冬に行くと言うが、白い雪がはらはらと降り、足はあれども靴がなく、冬には来られなかった。冬が終わり春になり、春の三月《みつき》、春に行くと言うが、郭公《かっこう》は砂利の中で動き回り、郭公《かっこう》が鳴くと糧《かて》は尽き、春には来られなかった。春が終わり夏が来て、夏の三月《みつき》、夏に行くと言うが、大雨がざあざあと降り、体はあれども衣なく、良き男は破れ衣を着て、駿馬には壊れた鞍《くら》をつけ、馬の蹄《ひづめ》はぬかるみを踏み、夏には来られなかった。夏が終わり秋になり、秋の三月《みつき》、秋に行くと言うが、秋には仕事が九つあり、種を蒔《ま》くのに三十日、実った穀を内にしまい、羊を放って三十日、他の仕事は休めても、放牧は休めない。牧場の子山羊《やぎ》と子羊《ひつじ》が、自分を山から下ろさせない。自分が一日経ったと思えば、すでに三日が経っていた。一月《ひとつき》経ったと思えば、すでに三月《みつき》が経っていた。一年《ひととせ》経ったと思えば、すでに三年《みとせ》が経っていた。ズブユレパが言うに、カメジュミチよ——

【第 39 葉】 羊を放つ牧場で伴侶を想い、伴侶の君を想ったけれど、歩いて君の所に行けなかった。君の銀の花、金の花、黒水晶の花はもう散っ

140　原文は、naq ko（黒い声）。次の句の黒烏と呼応する。

たのか、と。トルコ石の花、黒水晶の花はもう散ったのか、と。ズブユレパは、天を呼び地を呼ぶ声で泣き出した。ズブユレパが言うに、カメジュミチよ、山羊の息、羊の息を入れれば、また話せるのか。トルコ石の目、黒水晶の目をつければ、また見えるのか。松の足、ブの足をつなげば、また歩けるのか。銀の歯、金の歯をつければ、また食べられるのか。脂身のスープや赤身のスープをあげれば、肉や酒をあげれば、また食べたり飲んだりできるのか。麻布の服をあげれば、また着られるのか、と。ズブユレパは家に帰ってきた[141]。カメジュミチが言うに、私はもう死んだ者。山羊の息、羊の息を入れても、もう話せない。トルコ石の目、黒水晶の目をつけても、もう見えない。松の足、ブの足をつないでも、もう歩けない。

141　この文は原文のまま訳した。楊樹興ほか 1986 では、この部分の漢語訳を、「また話したり考えたりできるならば、我々二人、老いるまで添い遂げよう」と解釈している。

【第 40 葉】　銀の歯、金の歯をつけても、もう食べられない。脂身のスープや赤身のスープをあげても、肉や酒をあげても、もう食べたり飲んだりできない。麻布の服をあげても、もう着られない。刺繍の靴をあげても、もう履けない。カメジュミチが言うに、私の体は、昼には鶴[142]と鷹に襲われるようで、夜には野良猫と狐に襲われるよう。あなたの腰の刀を抜いて、私の首の縄を切っておくれ。羊を放つ時の白いマントを脱いで、私にかけておくれ。焼いて一節の白い骨にして、焼いて一山の黒い炭にして、十二の峰間の谷[143]に送っておくれ、と。ズブユレパが言う

142 「鷲」とする解釈（和志武 1983；1994）もある。

143 【☞注 66】

に、カメジュミチよ、天地の良い年になってから、ドゥとセ[144]の良い月が下りてから、冬の風が吹いてから、栗の葉が枯れてから、艾《よもぎ》が枯れてから――

【第41葉】 北の白鶴が鳴いてから、南の鴨が鳴いてから、酒を煮て醸《かも》してから、豚を養って肥えてから、祖先の勝利の門まで運んであげよう。三つの家畜で祭り[145]、三つの麻布で送り[146]、三つの恵みを残し[147]、祖先を送るカデュ[148]の坂に送ってあげよう。

カメジュミチが言うに、グ[149]の仲間、祖先[150]の仲間にはなれなかった。祖先の後について送ってはいけない。体は安らかでも魂は安らかでない。馬は美しくても鬣《たてがみ》は美しくない。天地の良い年が来るのを待ってはならない。ドゥとセの良い月が来るのを待ってはならない。酒を煮て醸すのを待ってはならない。豚を養って肥えるのを待ってはならない。糖を煮て甘くなるのも待ってはならない。冬の風が吹き、栗の葉が枯れ、艾《よもぎ》が黄色くなるのを待ってはならない。白鶴が通るのを待ってはならない。祖先の勝利の門に置いてはならない。祖先の仲間ではなくなった。祖先の後について送ってはならない。山羊の息、羊の息を入れてはいけない。カメジュミチは、ツになった、ユになった。父と母は、心痛まなくなった。カメジュミチが言う。私の首を吊った縄、情死の縄を切っておくれ、と。

144 Ddu（ドゥ）は男性神、Seiq（セ）は女性神。ともに、造物の神と言われる。【☞116頁】

145 葬儀の始めに、羊などの家畜を供えて祭る。

146 出棺の時、家の者が肩に麻布を掛けて歩く。あの世への道を作るという意味がある。

147 トンバの行う葬儀に見られる「ノオサ（no'oq sal）」の儀式。no'oqは「恵み」、salは「残す」。死者の品徳や良い行いを子孫に伝えさせる意味がある。【☞119頁】

148 gaddeeq。死者を送る道の途中にある地名。「肥沃な坂」という解釈（和志武 1983;1994）もある（gaddeeqは「太っている」）。

149 ngvl。正常な死に方をした者が火葬にされ、その三年以内に済度された後、高山の洞窟に置かれる木製の人形。【☞121頁】

150 yuq（ユ）。【☞注138】

【第42葉】 ズブユレパよ、腰の刀を抜き、ヤク毛の縄を切って捨て、羊を放つ時の白いマントを脱いで私にかけておくれ。焼いて一節の白い骨にして、一山の黒い炭にしておくれ。カメジュミチが言うに、ズブユレパよ、私のしまった金と銀、トルコ石と黒水晶は、白黒の接する所[151]にある。三年《みとせ》と三月《みつき》と三日が経つまでは、白黒の接する所でそれを取ってはいけない。ズブユレパが言うに、天が薄くても雲は薄くない。薄い雲の陰には風が吹くかもしれない。口は薄くても心は薄くない[152]。薄い口の陰には悪い心が出るかも知れない。財産の陰には悪霊が出るかもしれない。穀の陰には毒が出るかも知れない。カメジュミチが言うに、ズブユレパよ、昨日や一昨日《おととい》、牧人の言った三言は、心の中にないのですか。白鹿が飲んだ硝水の味は、口の中にまだあるはず。羊が食べた草の味は、心の中にまだあるはず。薄い天には風は吹かない。財産の陰には悪霊は出ない。穀の陰には毒は出ない、と。

【第43葉】 カメジュミチが言うに、昨日や一昨日《おととい》、牧人の言った三言は、心の中にないのですか。ズブユレパは、すぐに腰の刀を抜き、カメジュミチの首を吊った縄を切り、羊を放つ時の白いマントを脱ぎ、彼女の体にかけてやり、火葬場に持って行き焼いた。焼いて一節の白い骨にして、一山の黒い炭にした。ズブユレパが戻ってくる時、牛の目玉が黒いように、良き男の目も黒い[153]。良き山羊が櫟《くぬぎ》の木を貪るように。ズブユレ

151　神や人の世界と、悪霊の世界の境界（李霖燦 1972, p.14）。

152「口はやさしいが、心は厳しい」の意。なお、「心」を「舌」とするテクスト（和志武1983；1987a；1994）もある。その場合は、次の句は「薄い口では舌が（悪いことを）話すかも知れない」となる。

153「目が黒い」とは、心が悪いという意味。

パは、三年《みとせ》と三月《みつき》と三日が経たぬのに、白黒の接する所で、カメジュミチのしまった金と銀、トルコ石と黒水晶を持ってきた。ズブユレパが家に着き、三日が経つと、カメジュミチは、天が薄くても雲は薄くない。雲を集め風を放った。

【第 44 葉】 口は薄くても心は薄くない。薄い口の陰に災いを放った。財産の陰に悪霊を放った。穀の陰に毒を放った。カメジュミチは、ズブユレパに痛みと熱を放った。昼には骨が痛み、夜には肉が刺される。ズブユレパは、占いをせず一年になっていた。三百六十の占師の所に、占ってもらいに行った。目の良い占師が見るに、しまったトルコ石、しまった黒水晶を取って来た。カメジュミチは、飢えて飯をあげねばならない、と。渇いて酒をあげねばならない、と。死んでグをせねばならない[154]、と。儀式をすれば、痛みも熱もなく、声は軽やかに魂は安らかに、水は流れ池に満ち、福と恵みが訪れる。ズブユレパは、ゼブロシャ[155]のピュビュ[156]に頼み、白羊と白ヤクの敷物の祭壇を設け、金と銀、トルコ石と黒水晶を布施とした。ジクセメコ[157]で、五倍子《ごばいし》の木を切って白いクヮ[158]とし、トルコ石の色でそれを塗り、トルコ石の海が波打つよう。ヘイワ[159]の川上で、高低のラリュの木[160]を立て、大小の竹籠[161]を吊るす。黄色の糸、緑の糸で飾り、七百の白いクヮを立て、五百の高いクヮを立て、白ヤク一千、黒ヤク一万、雄馬一千、雌馬一万を使い――

154　葬儀の年もしくは翌年の旧暦 11 月に行う済度の儀礼【☞ 119～121 頁】。正常に死んだ者は、これを行うことで祖先の地へと帰ることができる。なお、「グ」については【☞注 149】

155　sseiqbbvqloshel。情死の霊を済度するトンバ。

156　biubbiuq。トンバに同じ。本来のナシ語の言い方。【☞ 114 頁】

157　Jjikeeseiqmeiko。地名。「クヮ」【☞注 158】を作るために最初に五倍子の木を伐って来た所という。

158　kual。細長い板に神像や文字を書いたもので、儀礼に用いる。漢語では「木牌」と訳される。

159　Heiqyiwa。川の名といわれるが、不詳。heiq はおそらく「神」の意。

160　la'leeq zzerq（ラリュ・ザ）、もしくは、her la'leeq zzerq（ハ・ラリュ・ザ）。her は「風」、la'leeq は「漂う・放蕩」、zzerq は「木」。情死の霊を済度する祭風の儀礼で立てられる木。【☞ 124 頁】

161　tiq kel。竹籠（kel）を逆さにして吊るしたもの。霊が休む所だという。

【第 45 葉】 死んだ者にグを施す。肉と飯を供える。白い糖、黒い糖を供える。渇いた者に酒を供える。脂身の豚肉を供える。シドゥル[162]を供える。ズブユレパは、母屋の大黒柱から始め、九つの部屋の穢れ《けが》[163]を分けて捨て、鍋と竈《かまど》の穢れを分けて捨て、雌牙麞《きばのろ》の尻の穢れを、蛇皮模様の鹿の悪い角を、敵の地に捨てた。白と黒の接する所、白い花が咲く梅の木は、ある年は神が養い、神が養うその年は、白い花が神に向かって咲く。ある年は悪霊が養い、悪霊が養うその年は、黒い花が悪霊に向かって咲く。鉱石を投げるのは天から投げる。天の九兄弟が投げる。鉱石をつかむのは地でつかむ。地の七兄弟がつかむ。鉱石を打つ者がいなかったので、ガオラドゥヮゾ[164]が打ち、刀の柄は木でつけた。

ミダパウォゾ[165]は、白い鉄の鋭い斧を持ち、天の斧で天の木を伐る。白い木くずは神の地に置き、黒い木くずは悪霊の地に置く。神の白い花は伐らず、悪霊の黒い木は生えさせない。天の星の三つのもつれは、地の草の三つのもつれは、黒鷹の爪が解く。児手柏《このてがしわ》と唐檜《とうひ》の梢《こずえ》のもつれは、冬の白い雪が解く。

【第 46 葉】 九十の縄のもつれは、虎の白い爪が解く。ドゥとツェ[166]のもつれを解く。カメジュミチのもつれを解く。ツとユのもつれを解く。カメジュミチを、十二の峰間の谷に送る。赤い崖の十二、十三の谷に送る。ズブユレパは、痛みなく熱もなく、福と恵みあり、声は軽やかに魂は安

162 xi ddvq lvl。また、xil mee ddvq（シムドゥ）とも言う。雲南に見られる餅状の米食品。漢語名は、「饵块（アルクワイ）」。【☞ 68 頁】

163 gguq（ゴ）。原義は「病」。ここでは悪い物の意味。

164 【☞注 49】

165 Mi ddaiq ba we sso。神名。力のある神とされる。

166 Ddvq、Zeiq。いずれも悪霊の名。

らかに、水は流れ池に満ちるようになった[167]。ある晴れた日に、主人のこの家、一族子孫繁栄するに、ツとユが家に石を撒く。苗代には苔を放ち、清水には泥を混ぜる。三百六十の占師の所に、占ってもらいに行った。目の良い占師が見るに、ツとユを示す骨の割れ目が出た。主人のこの家、若い飛脚を遣わせ、あらたかなピュビュを頼み、羊と白ヤクの敷物の祭壇を設け、金と銀、トルコ石と黒水晶を布施とした。

【第 47 葉】 ジクセメコで、五倍子の木を切って白いクヮとし、高低のラリュの木を立て、大小の竹籠を吊るす。七百の白いクヮを立て、五百の高いクヮを立て、黄の花、緑の花で飾り、白ヤク一千、黒ヤク一万を使い、雄馬一千、雌馬一万で、ツの借り、ユの借りを返す。死んだ者にグを施す。飢えた者に肉と飯を供える。白い糖、黒い糖を供える。香《こう》と燈明を供える。身滅んで衣を供える。足滅んで靴を供える。九十九の横木の家の、高い所の穢《けが》れを分けて捨て、唐臼《からうす》の米くずを分けて捨て、牙轡《きばのろ》の尻の穢れを分けて捨て、蛇皮模様の鹿の悪い角を分けて捨てる。白と黒の接する所、白い花が咲く梅の木は、ある年は神が養い、白い花が神に向かって咲く。ある年は悪霊が養い、黒い花が悪霊に向かって咲く。

【第 48 葉】 ミダパウォゾは、白い鉄の鋭い斧を持ち、天の斧で天の木を伐る。白い木くずは神に向かって置き、黒い木くずは悪霊に向かって置

167　ここまでが物語の中での儀礼の過程を述べたもの。これ以降が今回執り行っている儀礼のために作られたテクスト。

く。白い木は伐らないが、ツとユが生まれるのを伐ってやれ。天の星の三つのもつれは、地の草の三つのもつれは、毛と葉で解く。九十の縄のもつれは、虎の白い爪が解く。水と金のもつれは、夏の大雨が解く。ツとユのもつれを解く。木の瘤のもつれは、鉄が解く。牛の群れは鞭で解く。白い羊は鋏《はさみ》で解く。ゼブロシャのピュビュが、ドゥとツェのもつれを解く。十二の峰間の谷に送る。赤い崖の十二、十三の谷に送る。主人に悪事を起こさぬように。祟らせぬように。声は軽やかに魂は安らかに、水は流れ池に満つ。

【第49葉】 ムルドゥ[168]の代、犬[169]、豚、山羊の三つを供え、ツの借り、ユの借りを返す。

ツォゼルグ[170]の代、ズ[171]、牛、馬の三つを供え、ツの借り、ユの借りを返す。カレチュ[172]の代、馬、犬、鶏の三つを供え、ツの借り、ユの借りを返す。主人のこの家、白ヤク一千、黒ヤク一万、雄馬一千、雌馬一万を供え、ツの借り、ユの借りを返す。高低のラリュの木を立て、大小の竹籠を吊るす。七百の白いクヮを立て、五百の高いクヮを立て、ツの借り、ユの借りを返す。翼の生えたもの一千一万で、ツの借り、ユの借りを返す。蹄《ひづめ》の生えたもの一千一万で、ツの借り、ユの借りを返す。模様のあるもの一千一万で、ツの借り、ユの借りを返す。

【第50葉】 クヮを作る木が見えないが、雪山で犬を引く者が見る。金沙江で魚を捕る者が見る。

168　正式には、Mee'leel dduq zzee（ムル・ドゥ・ズ）。ナシ族の祖先神。自然界を象徴するスと戦ったとされる。

169　「犬」と解釈されているが、不確定。以下の供え物に見られる「豚」、「山羊」、「牛」、「馬」、「鶏」のいずれも、現在用いる語とは異なる語形である。

170　Coqssei'leel'ee。大洪水を生き残り、ナシ族の祖先となった人物。

171　【☞注92】

172　Ga'leiqciul。ツォゼルグから数えて五代後のナシ族の祖先。

クヮを削れないので、ヘイワの川上[173]、クヮの先を蛙の頭を見て削る。クヮの尾を削れないので、ヘイワの川下[174]、クヮの尾を蛇の尾を見て削る。白い鉄の刃で削る。ブルダフ[175]の手で書く。銀の白い水で書く。金の黄色い水で書く。クヮの顔は生きた顔のようにし、クヮの目は生きた目のようにし、クヮの肺は生きた肺のようにし、クヮの肝は生きた肝のようにし、クヮの肋骨は生きた肋骨のようにし、魂を招く。銀のクヮを銀の坂に挿し、トルコ石のクヮをトルコ石の山に挿し、金のクヮを金の山に挿し、スの財産を返す。スよ悪さをするな。悪さをすれば、人が香《こう》をあげるのが難しい。バの馬よ跳びはねるな。バの馬が跳びはねれば、人が草をやるのが難しい。バとウ[176]よ欲張るな。バとウが欲張れば、人が財産をあげるのが難しい。ドゥが九つの塊を馬に置き、馬と荷を一緒にして、魂を招く。セが七つの塊を牛に置き、牛と軛《くびき》を一緒にして、魂を招く。高低のラリュの木を立て、大小の竹籠の下にいないように、魂を招く。

【第51葉】 ツの下とユの下、ドゥの下とツェの下、ゼの下とメの下、タの下とラの下、モの下とウの下につかまらないように[177]、魂を招く。クヮの下、ヂの下、ジの下、ブの下、スの下、ニの下にいないように[178]、魂を招く。九つの崖の石、九つの川の下にいないように、魂を招く。天の星のように、地の草のように、馬の鬣《たてがみ》のように、クドゥ[179]の種のように。痛みなく熱なく、寒くな

173　川上（jjiq gv）のgvが、次の句のクヮの先（gv、頭）を導くツェジュ。

174　川下（jjiq mai）のmaiが、次の句のクヮの尾（mai）を導くツェジュ。

175　bbe'leeq ddaheeq。経典を用い、儀礼を行うトンバ。bbe'leeqは「経典」。ddaheeqは、葬送・済度の儀礼を行うトンバの意。

176　wuq。人種と思われるが、不詳。

177　ゼ（sseiq）、メ（meiq）、タ（derq）、ラ（la）、モ（mu）、ウ（eeq）、いずれも霊の名。

178　クヮ（kua）、ヂ（zhee）、ジ（jji）、ブ（bbee）、これらはいずれも霊の名。ス（seeq）とニ（ni）は、いずれも水神の名。

179　【☞注99】

く危うくなく、齢《よわい》は長く、声は軽やかに魂は安らかに、水は流れ池に満ちるように。その深さは金沙江の深さ、雪山の麓《ふもと》に流れ、冬はトルコ石のように緑に、夏は金のように黄色く、内に砂金を隠し、水は流れ涸れることなく、広き大地をゆく。ピュビュが齢長くあるように。

解説

—ナシ族とその文化—

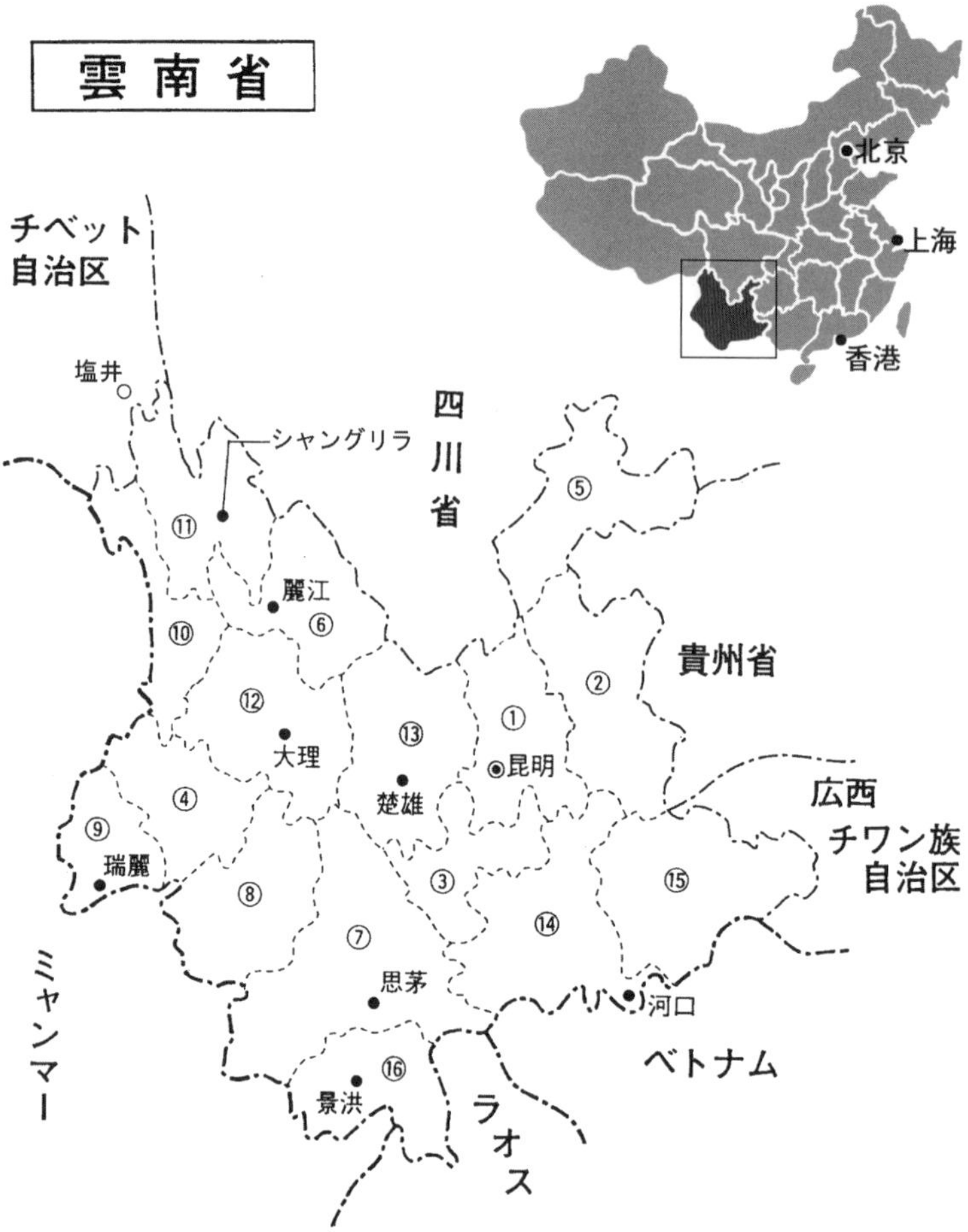

①昆明市　②曲靖市　③玉渓市　④保山市　⑤昭通市　⑥麗江市　⑦普洱市　⑧臨滄市　⑨徳宏タイ族ジンポー族自治州　⑩怒江リス族自治州　⑪迪慶チベット族自治州　⑫大理ペー族自治州　⑬楚雄イ族自治州　⑭紅河ハニ族イ族自治州　⑮文山チワン族ミャオ族自治州　⑯西双版納タイ族自治州

雲南省の行政区と位置

ナシ族の街、麗江の旧市街。（二〇一〇年九月）

ナシ族の概要—人口・名称・居住地とその歴史—

○人口と名称

ナシ族（納西族）[1]は、中国の少数民族の1つです。ナシ族の人口はおよそ30万人で、中国の南方、ビルマ（ミャンマー）、ラオス、ベトナムと国境を接する雲南省に住んでいます。中国は、人口の大部分を占める漢民族を含めて、全部で56民族、漢民族を除く少数民族としては55民族が住む多民族国家です。一口に「55の少数民族」と言うと、55民族がほぼ同じような規模で存在するのかと思う方もいらっしゃるかも知れませんが、実際には各民族の人口にはかなりの違いがあります。55民族の中で最多のチワン族（壮族）の人口は1600万人を超えますが、最少のロッパ族（珞巴族）の人口は3000人にとどきません（2000年の人口データより）。ナシ族のおよそ30万という人口は、これらの少数民族全体の中では決して多いものではありませんが、また一方で非常に少ないわけでもなく、およそ真ん中くらいの規模と言えるでしょう。

現在、中国の政府に正式に認められたナシ族の名称は、「ナシ族（納西族）」です。これは中国で彼らの戸籍に記されている民族名です。しかし、この「ナシ族」の中には、実際には言葉や文化に違いが見られる複数の

ナシ族の支系、モソ人の踊り。麗江市寧蒗イ族自治県永寧郷にて。（一九九八年二月）

集団が含まれています。それらは「ナシ（納西）」、「モソ（摩梭）」[2]、「ラゼ（拉熱）」、「マリマサ（瑪麗瑪沙）」などといった集団で、中国では一般に、このような民族の下位分類を「支系」と呼び、それぞれを「ナシ人（納西人）」、「モソ人（摩梭人）」というように「人」をつけて呼んでいます。

「ナシ族」に含まれるこれらの支系の中で、最も人口が多いのはナシ人で、これがナシ族の中で多数を占める集団です。しかし、これ以外の支系には、ナシ人とはかなり文化の異なる人々がおり、特にモソ人は、その中でも特異な文化を持つ人々として有名です。さらに、彼らの一部には、「ナシ族」の中に含められることを望まない人々もいます。そこで本書では、単に「ナシ族」と記す場合にはナシ人のことを指すこととし、モソ人のような大きく文化の異なる支系については、それぞれの支系の名称を直接記すことにします。

モソ人の人口は約４万人で、その文化の最大の特徴は、「阿注婚《アチューフン》」や「走婚《ゾウフン》」と呼ばれる訪妻婚《ほうさいこん》の習俗です。訪妻婚とは、夫婦が同居せずにそれぞれの生まれた家で暮らし、夜だけ男性が相手の女性を訪問する、日本で言えば、かつての平安貴族の妻問《つまど》い婚と似た習俗です。モソ人の場合、子供や財産は母から娘へと母系で継承されます。また、モソ人の訪妻婚では、男女の関係は必ずしも一対一に縛られるものではなく、同時期における複数の男女関係も許容されます。ただし、このような特徴的な習俗も、

麗江市古城区の遠景。中心から左側が旧市街。右側にはビルが立ち並ぶ。（一九九六年八月）

現在では様々な要因から変容を余儀なくされており、モソ人の全てがこのような習俗を行っているわけではありません。特に近年の若いモソ人は、漢民族と同じような結婚の形態を望む人がほとんどのようです。このモソ人の習俗について、日本では平安時代の妻問い婚と関連付けて紹介されることがあり、さらにこれが「ナシ族」の習俗として記されているので、ナシ族はすべて「母系社会」であると思う方もいらっしゃるようです。しかし、これまでに述べたように、これは約30万人の「ナシ族」のうち、約４万人のモソ人に主として見られる習俗であり、これ以外の支系にはほとんど見られないものです。

一方、「ナシ族」の中で多数を占めるナシ人の伝統的な社会は、父系の出自集団に基づいて組織され、土地、家畜、家屋などの財産は、基本的には男性によって管理・相続されます。その結婚については、女性に対して母方のオジの息子が結婚の優先権をもつ、いわゆる交叉イトコ婚が理想的な婚姻であるとされ、婚姻後は夫の家に居住するのが普通です。

○ナシ族の住む所

ナシ族が住んでいるのは、雲南省の西北部です。雲南省の面積は約38万km^2で、これは日本を超える広さです。この雲南省には、人口でその約３分の１、種類としては25の少数民族が住んでおり、中国の中でも少

麗江市を中心とした地図。麗江市は、古城区、玉龍ナシ族自治県、寧蒗イ族自治県、永勝県、華坪県を合わせた行政単位で、二〇〇三年以前の旧称は麗江地区。

数民族の非常に多い地域と言えます。地理的に見ると、その西北は世界の屋根と言われるチベット高原に、その南部は暖かな東南アジアの国々に接しており、地形的な高低差が非常に大きくなっています。その西北部の、主としてチベット族が住む地域では、人がたくさん住んでいる場所でも標高が3000mを超えますが、南部の低地では標高100m以下の場所もあります。そのため、雲南省では寒冷な高山性気候から、穏やかな温帯気候を経て、さらに亜熱帯気候までの多様な気候が見られます。また、この大きな高低差の中には、山あり谷ありの複雑な地形が見られ、この気候の多様性と複雑な地形が、それぞれの民族の生活にも大きく影響を与えています。

ナシ族の住む地域は、現在の行政区画で言えば、雲南省西北部の麗江《リージャン》市と、その北の迪慶《ディーチン》チベット族自治州シャングリラ県（香格里拉県）や、その西の維西《ウェイシー》リス族自治県を中心とする地域です。また雲南省に接するチベット自治区の西端や、雲南省に接する四川省の一部の地域にも少数のナシ

金沙江沿いの玉龍県龍蟠郷。標高は一八〇〇メートル前後で蒸し暑い。（一九九九年九月）

族が住んでいます。

現在、麗江市は古城区と呼ばれる1つの区と、玉龍《ユーロン》ナシ族自治県、永《ヨン》勝《シャン》県、華坪《ファーピン》県、寧蒗《ニンラン》イ族自治県の4つの県に分けられています。このうち、ナシ族の人口が特に多いのは古城区と玉龍ナシ族自治県で、この2つの地域では、人口の約5〜6割がナシ族です。

古城区の中心部の標高は約2400mで、雲南の漢語で「壩子《パーズ》」と呼ばれる山に囲まれた盆地に位置しています。この高さは、日本で言えば富士山の6合目くらいにあたりますから、当地の気候は、空気の薄い高原性気候ですが、もともと緯度が低いため、それほど寒くはありません。むしろ、1年を通じて気温の差はそれほど大きくなく、過ごしやすい土地柄と言えるでしょう。ただし標高が高いため、日中は強い日差しで気温が上がり、一方、朝晩や日陰は寒くなります。また、空気が薄いので、紫外線も非常に強く差し込みます。

古城区と玉龍ナシ族自治県では、このような盆地を中心にナシ族が住みますが、場所によっては標高3000mくらいまで上がる所もあり、また一方で、長江の上流である金沙江に沿った地域では、標高が1800mくらいまで下がる所もあります。高さが3000mを超える土地では秋から冬、春にかけてもかなり寒く、一方、2000mを下回る所では雨季の直前の5月頃などはかなり暑くなります。このように、この地域では標高によって気

チベット族の踊り。迪慶チベット族自治州シャングリラ県にて。（二〇〇三年九月）

イ族の女性。迪慶チベット族自治州シャングリラ県三壩郷にて。（二〇〇〇年三月）

候にかなりの違いがあり、それに伴って植生も大きく異なります。

ナシ族が集中して住んでいる麗江市には、ナシ族以外の他の民族も居住しています。中国で最も人口の多い漢民族はもちろんですが、他にもチベット族（藏族）、ペー族（白族）、イ族（彝族）、リス族（傈僳族）、プミ族（普米族）などが住んでいます。これらのうち、チベット族は麗江の北の迪慶《ディーチン》チベット族自治州に、ペー族は南の大理《ターリー》ペー族自治州に、イ族は東北の四川省涼山《リャンシャン》イ族自治州に、リス族は西の維西《ウェイシー》リス族自治県と怒江《ヌージャン》リス族自治州に、それぞれ集中して住んでいることから、それぞれの民族名が入った自治州や自治県の名前となっています。また、麗江市の中でも寧蒗《ニンラン》県はイ族が多いため、イ族の自治県となっています。

○古城区とその変化

麗江《リージャン》市の古城区は、行政上は大研《ターイェン》など4つの「街道事務所（街道辦事処）」と、七河《チーホー》など5つの「郷《シャン》」に分かれています。大研を中心とする地域は麗江市の中心部で、その中にある古い街並み、いわゆる「麗江旧市街（麗江古城）」がユネスコの世界文化遺産に指定され、今では中国国内はもとより海外からも、多くの旅行者が訪れる一大観光地となっています。中国での国家的な観光開発事業や、雲南省での観光を主要な産業と位置付ける政策の後押しもあり、1995年と2006年とを比べると、観光客数はおよそ5倍以上に増えたとのことです（山村・張・藤木2007、p.61図31のデータより）。確かに、1996年8月、筆者が初めて麗江を訪れた頃には、旅行シーズンになれば観光客は増えるにしても、筆者の住んでいた旧市街の外れ

街路樹の茂る新市街のメインストリートから玉龍雪山を望む。(一九九六年一〇月)

の辺りはまだ静かなものだったのですが、1997年に世界遺産に指定されて以降は、旧市街は次第に騒々しくなり、ついには石畳の道が観光客であふれかえって歩けなくなることすらありました。

古城区の中心部は、古い家並みの旧市街と新たに開発された新市街とに分かれています。旧市街は数百年の歴史があると言われ、趣のある木造家屋がぎっしりと建ち並び、その間を石畳の道が迷路のように行き交っています。かつて中華人民共和国が成立する前まで、麗江の旧市街は、雲南の南部とチベットのラサを結ぶ交易路、「茶馬古道」のルート上に位置し、行き交う人々で賑わいを見せていました。「茶馬古道」というのは、隊商が雲南の南部で作られる茶をチベットへ運び、逆にチベットの馬を雲南に運んでいたことからついた呼び名です。ナシ族だけでなく、漢族、チベット族、ペー族などの隊商が、片道約3ヵ月かけてこのルートを行き来したと言います。現在でも、麗江の北、迪慶チベット族自治州の幹線道路沿いには、切り立った崖をえぐって作った古い道や、絶壁に横木を打ち込んで作った桟道《さんどう》の跡が見られます。麗江はこの交易路の中継地であり、こうした道を通ってやってきた様々な人々で活気を呈していたのです。

近年、麗江では急激な観光開発によって大きな変化が起こりました。これにより、古城区の街並みも大きく変わっています。筆者が最初に訪れた1996年頃は、新市街のメインストリートの両側には街路樹があり、決し

すっかり開発の進んだ新市街のファーストフード店。（二〇〇七年八月）

て良く整備されているとは言えないながらも、中国の田舎町ののんびりとした風情が残っていました。商店や食堂の数も少なく、その多くが田舎らしい細々とした店舗でした。しかしその後、道路の拡張工事に伴って街路樹は全て切り倒され、次々と古い建物が新しく建て替えられていきました。その変化たるや、一週間街に出なければ必ずどこかの風景が変わっているというほどでした。そして現在では、流行の先端を行く衣料品店なども増え、ナシ族の街という印象はあまり感じられなくなってきています。

一方の旧市街の中にも、様々な変化があります。本来、世界遺産に指定された建物は、安易に改築や増築などができないはずですが、建物の大枠は変えないまでも、その実質は大きく異なってきています。この間の変化の中で、旧市街の内部では、多くの民家が旅館やみやげ物屋、あるいは観光客向けの喫茶店、バーなどに改装されていきました。そして、それらの店舗や旅館などに従事するのは、主として外部から入ってきた人々で、地元出身のナシ族は少数です。もともと旧市街の中に住んでいたナシ族の人々の多くは、観光業目当てに外部からやって来た人々に家を貸し、自身は郊外に建てられたアパートやマンションに移住していきました。筆者のナシ族の友人でも、かつては旧市街の中に住んでいて、今は郊外のマンションに住んでいる人がいます。こうした変化によって、もともとあった旧市街内部のナシ族のコミュニティーは大きく変質しているのです。

現在も開発の進む新市街の、シャングリラ大道から見る玉龍雪山。この周辺に多くのマンションが建てられている。（二〇〇三年一二月）

旧市街や新市街からその雄大な姿が見えるのが、万年雪をいただく玉龍雪山（標高 5596m）です。玉龍雪山は、ナシ族の人々の精神的なシンボルともなっており、本書がご紹介する『ルバルザ』の物語も、この雪山と大きく関わっています。情死した若い男女の霊は、この山の奥の楽園に住むと言われています。ただし、1年が雨季と乾季に分かれる当地では、雨季にあたる6～8月の間は、雲に隠れてその全容をなかなか拝むことができません。一方、乾季の時期には、街からほど遠くないところに、雪を戴いてその雄姿を現します。しかし、気がかりなことに、近年では温暖化の影響か、年々その頂上に戴く雪の量が少なくなってきているようです。

○広大な農村部

麗江市の中心部である「古城区」を、ぐるりと囲むように広がる広大な地域が玉龍ナシ族自治県、通称、玉龍県です。玉龍県には、3つの「鎮《チェン》」と15の「郷《シャン》」と呼ばれる行政単位が含まれます。3つの鎮は、黄山《ホワンシャン》鎮、石鼓《シーグー》鎮、巨甸《チューディエン》鎮で、現在、県の政府は黄山鎮に置かれています。石鼓鎮、巨甸鎮は、いずれも古くからある街道沿いの小さな街ですが、古城区の旧市街よりはずっと規模が小さなものです。石鼓鎮は、大研から西へ約45km、長江の上流部である金沙江が、最初に見せる大きな湾曲の近くに位置しています。この湾曲は「長江第一湾」と呼ばれ、その雄大な風景か

古城区と玉龍ナシ族自治県を中心とした地図。◎は鎮、○は郷の中心地。

ら観光のスポットにもなっています。また、巨甸鎮は、この大湾曲からさらに70kmほど離れた、玉龍県の西北部にあります。

一方、15の「郷《シャン》」は、一言でいえば広大な農村地帯です。玉龍県に含まれる「郷」には、白沙《バイシャー》郷、大具《ダーチュー》郷、鳴音《ミンイン》郷、宝山《バオシャン》郷、奉科《フォンクー》郷、太安《タイアン》郷、魯甸《ルーディェン》郷などがあり、それぞれに沢山の小さな村（これを「自然村」と言います）を含んでいます。古城から遠く離れた郷の中心までは少なくて1～2日に1本、多くて1日数本のバスが出ていますが、そこからさらに小さな村々までは公共の交通機関はほとんどありません。特別な観光スポットになっている所以外は、観光客もあまり訪れることがなく、のんびりとした時間が流れています。

以上に述べた麗江市の古城区と玉龍県以外に、ナシ族がまとまって住んでいる所としては、麗江市の北に位置する迪慶チベット族自治州シャングリラ県の三壩《サンバー》ナシ族民族郷や、四川省涼山《リャンシャン》イ族自治州木里《ムーリー》チベット族自

石鼓鎮の中心街に残る古い舞台。（一九九九年五月）

治県の俄亜《オーヤー》郷【☞ 44 頁・地図】、さらに、チベット自治区マルカム県の塩井《イェンヂン》郷【☞ 40 頁・地図】などが挙げられます。このうち、三壩ナシ族民族郷の白地《バイディー》と呼ばれる土地は、後に述べるナシ族の宗教、トンバ教の重要な聖地とされています。また、この三壩ナシ族民族郷や四川省俄亜郷のナシ族には、今では麗江市のナシ族では失われてしまった古い文化が残っていると言われています。一方、チベット自治区の塩井郷のナシ族は、現在でもナシ語を用いてはいますが、チベット自治区の中にあることからも分かるように、その文化はチベットの影響を深く受けています。

○ナシ族の形成

ナシ族の話すナシ語は、言語の分類では、チベット語やビルマ語に代表される「チベット・ビルマ語群」というグループに含まれ、さらに、その中でもイ族の言語が代表する「イ語系（彝語支）」に含まれるとされます。このイ語系には、イ族やナシ族の他、リス族（傈僳族）、ハニ族（哈尼族）、ラフ族（拉祜族）、ペー族（白族）などの言語が含まれます。これらの民族は、古代、今でいう青海省あたりで活動していた遊牧民族、羌《きょう》人の末裔であると言われています。紀元前 4 世紀頃、当時強大になりつつあった秦の圧迫を逃れようとした羌人は、青海から南へ移動しました。その途中、四川、雲南を経由する過程で、一部はそれぞれの土地に定着し、現

玉龍県大具郷。雪山を望み、のんびりとした時間が流れる。（一九九八年五月）

在これらの地域に居住する民族の祖先となり、さらに南下を続けたグループは、現在のビルマ（ミャンマー）、タイ、ラオス、ベトナムにまで達したと考えられています。

ところで、ナシ族の形成については、この他にも、南下してきた牧畜民と土着の農耕民とが融合して成立したとする説も唱えられています（諏訪1988、第5～6章）。ナシ族の言語や文化においては、北方の牧畜民の特徴だけでなく、土着の農耕民の影響も顕著に見られるためです。

○古代のナシ族

漢籍文献において、明らかにナシ族と思われる人々の名前が現れるのは、4世紀半ば、晋の時代に書かれた『華陽国志《かようこくし》』です。この書物は、中国西南部の歴史や地理を記述したものですが、その中に「摩沙夷《モーシャーイー》」という集団についての記述があり、これがナシ族の祖先の名称だと考えられます。なお、現在の「納西《ナシ》」という名称は、中華人民共和国の成立以降に民族を識別する作業の中で決められたもので、それ以前の書物には異なる漢字の表記が見られます。

その後、9世紀、唐の時代に書かれた『蛮書《ばんしょ》』には、これもナシ族の先民と考えられる「磨些《モソ》蛮」についての記述があります。唐代の初め、ナシ族の住んでいた地域は唐の影響下にありましたが、その後、東と南に拡大

新市街の北に位置する黒龍潭公園から望む玉龍雪山。（二〇〇三年一二月）

してきた吐蕃《とばん》（チベット）に支配されました。また、この時期、雲南の大理周辺には、「六詔《りくしょう》」と呼ばれるチベット・ビルマ系の6つの国がありました。「詔」とはタイ系の言語で「王」の意味であると言われます。この六詔の1つである「越析詔《えつせき》」は「磨些詔」とも呼ばれ、磨些の王によるものであったとされています。その後、六詔のうちで最も南に位置していた蒙舎《もうしゃ》詔は、唐の後押しを受けて六詔を統一し、南詔《なんしょう》という国に発展します。これにより、ナシ族の祖先は、今度は南詔に支配されることになりました。この時代、唐、吐蕃、南詔という強い勢力のはざまで、ナシ族の祖先たちは生き抜いていたのです。

10世紀、雲南では南詔が滅び、そのしばらく後に大理《だいり》国が成立しました。大理国は、現在の民族で言えばペー族を中心とした国であったと考えられます。この時期、ナシ族の祖先が住んでいたあたりでは、複数の摩沙《モーシャー》の酋長が力を持っており、大理国もそれを十分には統治できなかったと言われます。

○ナシ族土司の成立

13世紀になると、世界帝国を築いたモンゴルの力が雲南に及びます。1253年、フビライの軍は大理国を征服しますが、その直前、ナシ族の首領、麦良《マイリャン》（阿琮阿良《アツォンアリャン》）は蒙古軍に投降します。麦良はモンゴルの役職を授けら

ナシ族の土司、阿琮阿良（左）と阿甲阿得（右）。『木氏宦譜 影印本』、雲南美術出版社、二〇〇一年、一〇二頁・一一〇頁より抜粋。

れ、麗江の「土司《どし》」となります。「土司」とは、中央王朝が異民族地域の間接統治を行うために、土着の民族の首領に官職を与えたものを指します。これによって、ナシ族はモンゴル王朝の支配下に入ることになります。

14 世紀の半ば、中国の中心部では、紅巾の乱と呼ばれる農民反乱によってモンゴルの元《げん》が滅び、漢民族による明《ミン》朝が興ります。1382 年、麦良《マイリャン》の子孫の阿甲阿得《アジャアテー》は明朝に帰順し、やはり明朝より土司の官職を与えられます。同時に、阿甲阿得は「木《ムー》」という一字の姓を与えられ、これによって「木得《ムーテー》」という漢民族風の姓名を名乗るようになります。明朝から姓をもらう以前の彼らの名前は、系譜に記されたものを見る限りでは「父子連名制」と言って、子の名前の前に父の名前が置かれるものでした。従って、阿甲阿得《アジャアテー》は、父の名前が阿甲《アジャ》で、その息子の阿得《アテー》ということです。しかも、「阿」は名前につく接頭辞ですので、本当の名前は「得」のみです。この名前に「木」という姓がつき、「木得」となったわけです。これ以降、彼らの家系は「木氏」と称されることになります。

漢族風の姓が下賜されたことが物語るように、明朝の時代は、ナシ族の統治階級を中心に、漢民族の文化が深く浸透した時期でした。木得より 5 代後の木泰《ムータイ》は漢詩文を学ぶことを提唱し、その 2 代後の木公《ムーコン》は、800 を超える漢詩を収めた計 6 冊の漢詩集を残しています。こうした明代に盛んになったナシ族の土司による漢詩文を指して、「土司文学」という言葉も

ナシ族の土司、木泰（左）と木公（右）。『木氏宦譜 影印本』、雲南美術出版社、二〇〇一年、一二〇頁・一二四頁より抜粋。

使われます。

一方、明代の木氏は、15 世紀半ば以降になると、隣接する北部のチベット人地域へと軍事行動を起こし、その勢力を拡大しました。その範囲は、現在の四川省のチベット人地域、バタン（巴塘）やリタン（理塘）あたりまでと言われます（山田 2009）。この北方への勢力拡大は、チベットとの関係を深めることと強く結びついていたようで、当時、木氏の土司はチベット仏教カルマ派の転生ラマと交流を続けており、仏教の聖典を網羅した総集である『チベット大蔵経』出版事業の施主ともなっています。この麗江版の『チベット大蔵経』の版木は、現在、チベット自治区ラサ旧市街の中心にある大昭寺（ジョカン）に保存されています。

○改土帰流と漢民族化

17 世紀半ば、中国各地に起こった暴動によって明朝が滅ぶと、満州族の清《シン》朝の軍が北京に入り、中国全土への支配を進めます。1659 年、清朝の軍が雲南に入ると、ナシ族の土司、木懿《ムーイー》はすぐに清朝に帰順し、やはり土司の官職を与えられます。しかし、その後、清朝は中央政府による直接統治を目指すようになり、土司を廃して中央から「流官」という官僚を派遣し、漢民族の土地と同じように治めるようになります。「土司による統治を改め、それを流官に帰す」ということから、これを「改土帰流《かいどきりゅう》」とい

木氏の子孫、第三十二代木瓊（後列中左）。木氏の直系の系譜は現代まで続く。
J. F. Rock, *The Ancient Na-khi Kingdom of Southwest China*, Vol.I, 1947, PLATE 43より抜粋。

います。ナシ族の土地では、1723年に改土帰流が行われ、当時の土司であった木鐘《ムーチョン》は、実質的にはほとんど権力を持たない「土通判《どつうはん》」という役職となりました。ここに、元代から続いた木氏の土司による統治が終わりを迎えます。

改土帰流の後、中央から派遣された官僚は様々な施策を行い、明代のような統治階級だけでなく、一般民衆をも含めたナシ族の漢民族化を進めました。木氏の所有していた荘園が廃止された他、治水事業も行われ、農業生産力の向上が図られました。そして、漢民族を中心とした「華《か》」の文化をもって、「野蛮な」異民族の風俗を改めるという方針から、ナシ族の様々な風俗も改革の対象となりました。彼らの服装には変更が加えられ、結婚や葬礼も漢民族的な方式に変えられていきました。それまで比較的自由であったと言われるナシ族の結婚は、漢民族のそれと同じく、親などの年長者の取り決めを絶対とするものになりました。葬礼は、チベット的な火葬から漢民族式の土葬へと改められました。

また、ナシ族の名前はもともと姓を伴わないもので、後に詳しく述べるナシ族の祭司、トンバが占いを行って名づけたり、あるいは、生まれた年の干支や、季節、月、時刻などによってつけられるものでした。このような名前は、現在でもシャングリラ県三壩郷などの地域に残っています。しかし、ナシ族の居住する地域に漢民族の文化が浸透したことで、一般人に

土葬によるナシ族のお墓。古城区旧市街付近にて。古いものには石が使われておらず、風雨にさらされて小さくなっている。（一九九八年一月）

も漢民族式の姓名が普及し、現在では、本来の形のナシ族式の名前を持つ人は非常に少なくなりました。それでも漢民族式とはいえ、ナシ族の特徴としていくつかの姓が多いことが挙げられ、その中でも特に多いのは「和《ホー》」という姓です。実際、麗江にいるとやたらと「和さん」に出会います。この姓は、かつてナシ族の共通の先祖から枝分かれした4つの氏族、「ス」、「ホ」、「メ」、「ユ」のうちの1つ、「ホ」の氏族にルーツがあると言われています【☞9頁、注40・41】。ちなみに、先に述べた木氏のルーツとされるのは、このうちの「ユ」の氏族です。

改土帰流以後には、中国の中心部と同じような教育の普及も進められました。科挙の合格を目指す学生を教育するため、教育機関として「麗江府学《ふがく》」が設置された他、一般の民衆に対しては「義学《ぎがく》」と呼ばれる学校が設置され、子供を学ばせない親を罰するなど、強く勉学が奨励されました。これにより麗江には勉学を尊ぶ気風が生まれたと言います。現在でも感じられる、ナシ族の知識人の多さや勉学を重んじる雰囲気は、この時からのものと言われます。

もっとも、こうした改革や教育は、いずれも漢民族の規範によって行われたものでした。この時期の漢民族の規範に沿った急激な変化の波が、ナシ族の社会に様々な影響を与えたとされます。後に述べるように、『ルバルザ』の物語の背景にも、このような文化のせめぎ合いが大きく影を落と

木府の牌坊にある「天雨流芳」の文字。これをナシ語で解釈すると、「テグ・リュ・ファ（勉強しなさい）」となる。（二〇〇三年九月）

再建された木府の議事庁。北京の紫禁城を思わせる。（二〇〇三年九月）

していると言われています。

ところで、木氏の一族が住んでいた「木府」は、清朝末期の戦禍で焼失したため、今ではかつての様子を窺い知ることはできません。しかし、麗江を大地震が襲った1996年以降、世界銀行の融資を受け、地元政府によって大々的に再建され、現在では多くの観光客が訪れる麗江観光のメインスポットの1つになっています。再建された木府に一歩足を踏み入れる

山側から眺める再建された木府。（一九九九年七月）

沢山の漢籍を収めたという木府の万巻楼。（一九九九年七月）

と、石畳の広場を前に政務を司る「議事庁」が建てられており、その様子は北京の紫禁城の小型版を思わせます。ただし、その再建は依拠する資料がほとんど無い中で行われており、中国の中央王朝との関係の強さを強調するために、多分に意図的な改変が含まれていることも指摘されています(山田 2010)。

新市街のメインストリートから望む玉龍雪山。（二〇〇三年一二月）

ナシ族の生活 —産業と衣食住・年中行事—

○都市部の産業

現在のナシ族の暮らしは、都市部の住民と農村部の住民とでは大分異なるものとなっています。まず、古城区の中心部では、旧市街と新市街とを問わず、観光業や商業が発達しています。現在では、ホテルや旅館、飲食店が数多く立ち並び、それも次第に高級な店が増えてきました。オンシーズンともなれば、中国全土、さらに国外から多くの観光客が訪れます。観光業は、この地域の産業の中心となっています。もっとも前にも述べたように、こうした観光産業には外部から流入して来たナシ族以外の人々が多く関わっているのも事実です。特に、多くの資本が必要となるホテル業などは、そのほとんどが外部の企業によるものです。そうした中で、1999 年、ナシ族の企業家による初めてのナシ族資本のホテル、「納西大酒店」がオープンし、話題になりました。また、数は少ないながらも、ナシ族が経営する観光客向けのレストランや喫茶店もあります。

ところで、古城区の中心部では、観光業が発達する以前から、食品加工業や手工業、さらには軽工業も行われてきました。麗江の特産品として有名なものに手作りの革靴があります。チベットと雲南を結ぶ茶馬古道の中

ナシ族の経営するレストラン、アリババカフェ。（二〇〇三年九月）

所狭しと革靴が並べられた売店。（二〇一〇年九月）

継地であった麗江では、古くから皮革の加工業が盛んでした。特に、現在、古城区に含まれている東河《スーホー》は、革職人が多く住む村でした。麗江では、こうした伝統を背景にして皮革加工工場が作られ、その中でも革靴作りの産業が大きく発展したのです。現在では中国国内はもとより、国外にも輸出されているほどです。

また、古くから銅の加工業も盛んでした。火鍋《フォグォ》（こんろ付き鍋）、錠前、たらい、壺、ひしゃくなどが手作りで作られ、「麗江銅器」の名で広く知られていました。現在でも、ナシ族の家では銅製品が多く使われています。

銅製の洗面器。（二〇〇六年八月）

民家の扉に見られる彫刻。（二〇〇四年八月）

木材の加工業も盛んで、各種の木製品は多く作られていました。現在、古城の伝統的な木造家屋に見られる、扉や窓の精密な彫刻は、ナシ族の職人の伝統的な技として有名です。

この他に、近年盛んになってきている産業としては、保存のきくドライフルーツや乾燥キノコ、また、伝統的に家庭で作られてきた果物の砂糖漬けを製品化したものなどがあります。特に、漢語で「蜜餞《ミーチェン》」と呼ばれる果物の砂糖漬けは様々な種類があり、どの家でもよく作られているものです。最近は瓶詰めにされたものなどが、あちこちの商店や露天で売られるよう

海抜の低い地域に見られる水田。（二〇〇六年八月）

になりました。

○農村部の産業

麗江の中心部を取りまく広大な農村部では、農業が最も主要な産業となっています。自然の景観から特別な観光スポットとなっている場所もありますが、それはほんの一部です。主要な農作物のうち、穀類としてはトウモロコシ、小麦、水稲などがあり、豆類はソラマメ、大豆、インゲン豆など、そしてイモ類にはジャガイモがあります。ナシ族の住む農村は、高度によって自然環境がかなり異なるため、作られる作物にも違いがあります。

水稲が最も多く産出されるのは、巨甸、石鼓、龍蟠《ロンパン》など、海抜1800～2000m前後の金沙江沿いの土地で、比較的高度の低い暖かい地域です。海抜が2400m程度まで上がると、水稲の産出量は少なくなります。一方、トウモロコシ、小麦、ジャガイモについては、高地での栽培にも耐えられるので、海抜の高低を問わず作られています。

また、果物ではリンゴ、梨、桃、梅、ミカン類、海棠果《ハイタングォ》などが作られています。朝晩と日中の気温差が大きい高地の麗江は、気候的にリンゴの栽培に適しており、良質のリンゴの産地として知られています。このリンゴは、大きさこそ日本で売られているような大きなものではありませんが、身のしまった味わいのあるリンゴです。海棠果は、ヒメリンゴと似たもの

強い日光で海棠果を干す。（一九九六年八月）

で、半分に切って乾燥させたものが素朴なお茶うけになります。乾季の初め頃になると、家々の前に半分に切った海棠果を敷き詰めて干している風景がよく見られます。この他の農作物としては、アブラナ、タバコ、養蚕用の桑、トウガラシ、各種の野菜や漢方薬材などが作られています。

現在、ナシ族の多くの農家では豚を飼育しています。豚はどの地域でも広く飼われている家畜です。また、農業の機械化も進められていますが、牛を飼育し耕牛として使っている家もまだ多くあります。広く飼われているのは中国や東南アジアでよく飼われている黄牛《こうぎゅう》で、そのミルクから「乳扇《ルーシャン》」などの乳製品が作られます。一部の地域では水牛も飼われています。海抜の高い所ではヤクや「犏牛《ピェンニウ》」も飼われており、そのミルクからはバターやチーズが作られます。「犏牛」は、ヤクと牛の交配種です。馬も畜産の重要な柱であり、麗江の馬は体格が小柄で丈夫で機敏なため、古くから「麗江馬」の名で知られ、明の時代には土司が朝廷への献上品にしていました。現在でも、旧暦7月15日から始まる「騾馬会《ルオマーフイ》」と呼ばれる交易会では、遠近から集まる人々によって馬をはじめとする家畜が多く取引され、競馬などの娯楽も行われます。

一方、標高が2500mを超える地域では、放牧に適した草地もあり、羊が飼われています。『ルバルザ』の前半は、羊を放牧する若者たちの物語で、現在も羊が飼われている高原の土地が主な舞台です。

あぶったり、油で揚げて食べる乳扇。（二〇〇六年九月）

ヤクと牛の交配種、「犏牛」。シャングリラ県三壩郷付近にて。（二〇〇六年八月）

○ナシ族の民族衣装

ナシ族の民族衣装としてポピュラーに見られるのは、落ち着いた紺を基調とした女性の民族衣装です。ただし、現在でもこれを日常的に着て生活しているのは、主に70歳代以上の女性だけです。この衣装の上部は、まずゆったりとした長袖の白い薄手の下着を着て、その上に青や白の長袖のブラウス、さらにその上にヤクの毛織物などで作った紺や臙脂《えんじ》のチョッキを着用します。下部は、長ズボンを穿き、上からプリーツのある前掛けを締めます。上下にこれらを着た上で、さらに、「ヨグ（yeq'ee)」と呼ばれ

中高年女性の民族衣装。（二〇〇三年九月）

「ヨグ」。帯の先には細かい刺繍がある。（二〇〇三年九月）

る、羊の毛皮で作った特徴的な背当てを身につけます。この背当てには、7つの丸い刺繍の飾りがついており、丸い刺繍の真ん中から2本の革紐が垂れています。この飾りの意味には諸説あってはっきりしませんが、北斗七星を表しているとも言われます。また、ヨグを結ぶタスキ状の帯には、細かい刺繍が施されています。帽子には、いわゆる人民帽をかぶるタイプと、「土鍋帽《トゥーグオマオ》」と呼ばれる古い形式を残したタイプがあります。

一方、主に若い女性が着ている、色彩の華やかな長いプリーツスカートの民族衣装がありますが、これは1980年代半ばになってから新たに開発されたものです。一時はホテルや観光施設の制服として着ることが義務付けられていたため、これがナシ族の伝統的な民族衣装のようなイメージが広まりましたが、現在ではその規則もなくなっています。

また、麗江の中心部から離れた地域には、以上のものとは異なるタイプの民族衣装も見られます。麗江の北、シャングリラ県三壩ナシ族民族郷の衣装では、羊の背当てには長い羊毛がたくさん残されています。この背当てには丸い飾りがありませんが、その代わり大きな円盤状の銀飾りを、頭を巻くように髪につけ、お下げに沿って垂らします。

衣服を作る生地は、かつては「ギュパ（jjuqbal）」と呼ばれる植物の綿毛で糸を縒《よ》り、麻糸と一緒に織り込んだものでした。ギュパはキク科の高山植物で、その葉の裏から白い綿毛が取れます。これを火打ちの時に種火

シャングリラ県三壩郷の女性の民族衣装。(一九九八年四月)

銀の円盤型の頭飾り。(一九九八年四月)

をつけるのに用いたので、漢語では「山火草《シャンフォツァオ》」や「火草《フォツァオ》」と呼ばれます。ギュパを入れると麻の生地が柔らかくなり、着心地が良くなるために使われたそうですが、こうした織物も、その後、次第に木綿に替えられていったようです。なお、この高山植物を使った織物は、イ族やリス族などにも見られます。

　ところで、現在では一部の地域を除き、男性の民族衣装は日常的には着られていませんが、やはり女性の新たな民族衣装と同様に、男性用の新しい形の民族衣装があります。この衣装は、一部のホテルでユニフォームに

機織りの様子。シャングリラ県三壩郷にて。（二〇〇六年八月）

ギュパ（右）。（二〇〇六年八月）
トンバ文字がデザインされたホテルのユニフォーム。（左）（二〇一〇年九月）

なっていたり、民族文化に関するイベントなどで着ている人もいます。この衣装には、ナシ族の文化の最大の特徴の１つである象形文字、「トンバ文字」があしらってあります。

○ナシ族の食―米食とおかず

主食として最も多く食べられているのは、米と小麦です。米は、炊いて主食として食べる他、蒸して固めた「シムドゥ（xilmeeddvq）」（漢語名は饵块《アルクワィ》）にして、季節の野菜とともに油で炒めて食べたり、米のウドンである米線《ミーシェン》や、平たい米のウドンである饵丝《アルスー》にして食べたりします。麗江の一般的なスープ入りの米線や饵丝には、豚のひき肉と高菜のような漬物

シムドゥの炒め物。（二〇〇三年九月）

壁にかかる臘肉や火腿。玉龍県宝山郷にて。（一九九九年五月）

を刻んだものがよく入っています。

　ご飯のおかず、主菜や副菜として食べられる料理には様々なものがあります。肉類としては、やはり漢族と同じく豚がメインです。豚肉は、新鮮な肉を炒めたり煮込んだりする他、バラ肉のベーコンである「臘肉《ラーロウ》」や、足の部分のハム、「火腿《フォトゥイ》」を、炒めたり揚げたりしてよく食べています。これらは保存食でもあるので、冷蔵庫のない農村の家庭でも、天井からよくぶら下がっているのを見かけます。また、春節の食事に欠かせないのは、豚の頭を丸ごと干したものです。年越し前になると、各家庭では乾燥した

マブをスライスする。（一九九六年八月）

油で揚げたマブ。（二〇〇九年八月）

豚の頭を用意し、柱などに掛けておきます。大晦日にこれをとろ火でじっくりと煮込み、軟らかくなったものをスライスすると半透明の脂身の料理となり、これが春節の食卓の主役です。

また、同じく年越しの頃によく食べられ、かつ麗江の名物とされているものに、豚の血やスパイスを混ぜたモチ米の腸詰め、「マブ（maqbbv）」（漢語名は米灌腸《ミークワンチャン》）があります。これは厚めにスライスしてから油で揚げて食べます。その色からすると味が濃厚そうですが、もち米が主材料なのでそれほど食べにくくはありません。ちなみに、これとよく似たものは、

薄切りジャガイモと漬物の炒め物。（二〇〇八年八月）

他の民族にも見られますが、身近なところでは、米でなく春雨を使ったものが韓国料理にも見られます。

豚以外の肉では、時々ヤギの肉を鍋物にして食べたりすることがありますが、それほど高い頻度ではありません。また、麗江の中心部のナシ族においては、羊や牛もあまり食べられていません。川沿いの地域を除いては、魚もそれほど食べられていませんが、もてなしの豪華な食事としては、コイやフナを辛く煮込んだ料理が出ることがあります。

料理に使われる野菜は実に様々です。白菜、キャベツ、ニラ、菜の花などの葉野菜や、大根、ニンジンなどの根菜類、そしてキュウリ、ナス、トマトなども使われ、イモ類では生産量が多いジャガイモが非常に多く食べられています。これらの野菜は、主として炒め物やスープに使われています。ジャガイモの食べ方としては、千切りや薄切りにして炒めたり、千切りにしたものを多めの油でクレープ状に固めて揚げる「干焙洋芋絲《カンベイヤンユースー》」などがありますが、農村部では囲炉裏にそのまま放りこんで焼き、間食にしたりすることもよくあります。総じて、雲南のジャガイモは、日本のジャガイモとは違ってしっとりとして美味です。

また、山菜でよく見かけるのはワラビで、あく抜きしたものを主に炒めて食べます。山地だけにキノコは種類も多く、やはり炒め物やスープに入れて食べます。マツタケもありますが、日本に輸出されるようになってか

新鮮なマツタケ。（二〇〇六年八月）

マツタケと青トウガラシの炒め物。（二〇〇八年八月）

らは価格が高騰し、あまり普段の食卓に上ることはありません。それでも日本人をもてなすときにはマツタケを用意してくれることがあります。食べ方は、青トウガラシやニンニクとともに炒めたり、あるいはトウガラシの効いた真っ赤な鍋の具にしたりします。日本の方の感覚からすると、「それでは香りが失われてしまう！」と思われるかもしれませんが、鮮度の良いものはこうした調理法を経ても十分に香りがあり、日本ではなかなか味わえない贅沢を楽しめます。

これらの野菜の他、麗江で重要な食べ物としては豆類があります。他

フホ（左）と、フア（右）。

フジャ（左）と、フカレ（右）。

の地域でも普通に見られる大豆、ソラマメ、エンドウ豆などはもちろんですが、この他に、特に「アツツ（aiqceelcee）」（漢語名は鶏豆《チートウ》）と呼ばれる小さな豆は、麗江の特産品となっています。これは高地で取れる5～6mmの平たく黒い豆で、鶏の目に似ていることからその名があります。この豆のデンプンをお湯に溶いたスープ状のものが「フホ（heeho）」と呼ばれます。また、固めたトコロテン状のものが「フア（hee'ail）」で、これは切ってそのまま酢、醤油、トウガラシ、ネギなどと和えて食べたり、あるいはニラなどの野菜と炒めて食べたりします。フアに酢と醤油をかけたものだけが、唯一のご飯のおかずになっていたこともありました。

また、フアを四角いコンニャクのような形に切って、油をひいた鉄板で焼くこともあり、これは「フジャ（heerherq）」といいます。さらに、フアを薄くスライスして干すと半透明で硬くなりますが、これを油で揚げると大きくふくらみ、パリパリのせんべいのようになります。これを「フカレ（heegaleiq）」と言い、ご飯のおかずの1つとして食べる他、春節の墓参りにもお供え物として持参します。ナシ族は春節に墓参りをするので、

青トウガラシの炒め物。（二〇〇六年八月）

道端で干される真っ赤なトウガラシ。（一九九六年九月）

麗江の市場では年越し前に揚げる前のフカレを農民が売っている姿をよく見かけます。

ところで、トウガラシはどの料理にもたいてい入っており、料理は全体的に非常に辛い味付けとなっています。また、調味料としてだけでなく、青トウガラシ（青椒《チンジャオ》）を炒めてそのまま食べたり、酢漬けにして漬物のように食べることもよくあります。これらはトウガラシそのものですので大変な辛さですが、人々はこれをしばらく食べないとどうしても食べたくなるようです。

ジムパパ。力を込めてよくこねるのがコツ。（二〇〇八年八月）

水を入れ、洗面器で蓋をしてジムパパを蒸す。濡れぶきんで隙間をふさぐ。（二〇〇九年八月）

○ナシ族の食―小麦食とバター茶

もう１つの主食である小麦の食べ方としてよく行われるのは、良くこねた生地をまず中華鍋で焼き、これに少量の水を加えてホーローの洗面器などで蓋をして、蒸しあげたパンです。水を入れて蒸すので、「ジムパパ(jjiq mul baba)」(水 - 蒸す - 粑粑《ババ》。粑粑はパンや餅状の食べ物のこと）と言います。ナシ族の人はこれに豆腐を発酵させて塩漬けにした「腐乳《フールー》」や、油で炒めたトウガラシなどをつけて食べます。また、一番よく合う料理は回鍋肉《フイグオロウ》だと言いますが、確かに食べてみるとその通りです。ただし、四川

ジムパパに良く合う青トウガラシの回鍋肉。（二〇〇九年八月）

や雲南の回鍋肉は、日本でよく食べられているようなキャベツを使ったものではありません。本場四川の回鍋肉では蒜苗《スワンミャオ》（葉ニンニク）が使われますが、ナシ族の家ではよく青トウガラシ（青椒《チンジャオ》）が使われます。

ところで、麗江の小麦食と言えば、漢語で「麗江粑粑《リージャンバーバー》」と呼ばれるものが、旧市街のあちこちで売られています。これは、小麦粉の生地を層にして多めの油で揚げるように焼いたもので、しょっぱい具が入ったものと甘い具が入ったものの２種類があります。ジムパパとの違いはたっぷりの油を使うことで、出来上がり後も油が滴るほどです。これを朝に食べると、慣れない方は半日胃がもたれるかも知れません。

このほか、小麦食については、中国全土で見られる饅頭《マントウ》（中身のない丸い蒸しパン）、包子《バオズ》（肉まん）、花巻《ファーヂュァン》（くるくると巻いた蒸しパン）などもよく食べられます。もちろん小麦粉を使った麺もありますが、乾麺が主流で米線に比べるとおいしさは今ひとつです。また、チベットでポピュラーな小麦の食べ方として、炒った小麦を粉にした「ツァンパ」（麦こがし）がありますが、チベット族が多い地域のナシ族の家ではこれもよく食卓に並びます。

ジムパパを作って食べる時には、何といってもバター茶が欠かせません。バター茶は、チベットで一般的な茶の飲み方で、レンガ状に固まった雲南産のプアール茶を砕いて濃く煮出し、これとヤクのバター、塩を専用の筒

バター茶（左）とその材料（右）。すり潰したクルミも入れられる。

「麗江特産」、コーヒー味バター茶。

農家の朝の食卓。バター茶、マントウ、揚げたモチ、青トウガラシの炒め物、ツァンパが並ぶ。メコン川上流部にて。（二〇〇六年八月）

に入れてよく撹拌したものです。初めて飲む時はヤクのバターの独特の香りが鼻につきますが、何度も飲んで慣れてくると、乾燥した高地では体が自然に欲するようになります。また、この飲み方は、茶、バター、塩と、高地では極めて合理的なエネルギー補給の方法でもあります。ナシ族の場合は、このチベット生まれのバター茶に、好みでさらにクルミなどを入れて、より飲みやすく改良しています。もっとも本家本元のチベット人から見ると、この飲み方は「邪道」だそうですが……。

ちなみに最近ではバター茶にも、パック入りのインスタント・バター茶が開発され、チベット圏では商店などでよく売られています。チベットのラサで作られているものには、本来の塩味のものと、おそらく塩味では飲みづらいという観光客向けでしょうか、ミルクティーのような飲みやすい砂糖味の２種類があります。ところが、麗江で開発されたインスタント・バター茶には「コーヒー味」までありました。これもチベット人から見れば相当な「邪道」でしょうが、様々な文化を取り入れて生きてきたナシ族らしい発想かも知れません。チベットのバター茶に、西洋から入ってきた

塩を入れて飲む茶。(二〇〇六年八月)

コーヒーを組み合わせてしまったわけです。

家庭では、朝には饅頭《マントウ》やジムパパとバター茶、昼には、米線《ミーシェン》や饵丝《アルスー》、夜にはご飯と様々なおかず、といった食べ方がよく行われています。小麦の文化と米の文化が、一日の食事の中に上手に組み合わされています。もちろん毎回決まってこうと言うわけではなく、夜に米線を食べたりすることもありますが……。

○茶とお茶うけ、酒、タバコ

朝などによく飲まれるバター茶のほかにも、ナシ族はお茶をよく飲みます。日常的によく飲まれているお茶は緑茶が主流です。緑茶と言っても、日本のような茶葉の細かなものではなく、茶葉の大きい中国の緑茶です。また、農村部では、緑茶は緑茶でも等級の低いお茶をやかんで濃く煮出し、これに塩を入れて飲んだりします。このお茶の色はかなり茶色くなります。お茶うけのつまみには、他の地域と同様、ヒマワリやカボチャの種などがよく食べられています。これらは縦にカリッと歯で割って中身を食べます。また、古城区の中心部やその周辺のナシ族の家には、たいてい玉龍県大具郷の特産品である赤いスイカの種があります。この種は、種を取るための専用のスイカから取れるものです。ヒマワリやカボチャの種と同様、これも歯で殻を割って中身を食べるのですが、この種の最大の特徴は殻が並で

玉龍県大具郷特産の赤いスイカの種。（二〇〇九年八月）

なく硬いことで、歯で割るのには一苦労します。そもそも噛む力が弱いと、中身を食べることができません。しかし、ナシ族の人は実に慣れたもので、これもヒマワリの種のように上手に食べてしまいます。このほか、地元特産のお茶うけとしては、先に述べた干した海棠果《ハイタングォ》もあります。また、様々な種類の蜜餞《ミーチェン》もテーブルの上に並びます。この地域にはクルミの木が多く、落ちてきたクルミの実を集めて置いてあることもよくあります。

麗江には、「窨酒《インチュウ》」と呼ばれるお酒があります。これは、茶褐色の紹興酒のような味わいのお酒で、アルコール度数は20度程度です。「窨《イン》」とは地下に貯蔵するという意味で、長期間熟成させることからこの名があります。原料には、麦、コウリャン、トウモロコシなどが使われます。しかし、ナシ族が普段よく飲んでいるお酒としては、白酒《バイチュウ》が主となります。白酒は漢語でアルコール度数の高い蒸留酒のことを指し、ナシ族の地域ではもともとは窨酒を蒸留して作っていたようですが、現在では様々な材料から作られる製品化されたものが多く出回っています。ただ、現在でも農村部を歩くと、自家製の白酒を振舞われることがよくあります。自家製の白酒のアルコール度数はおよそ30度で、製品化されたものほど高くはありません。ただしその分、お碗いっぱいになみなみと注がれ、少しでも量が減ればまた注がれの繰り返しなので、飲みすぎには十分気をつけなければなりません。

銅製の水タバコ。熟達すると、手を使わずに吸殻を吹き飛ばして捨てられるという。（一九九八年五月）

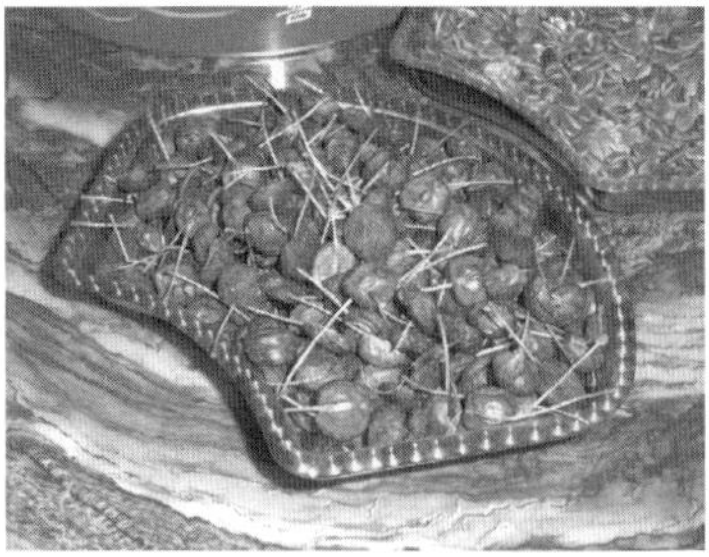

半分に切って干した海棠果。

雲南はタバコの一大産地であり、麗江でも農村部で多く作られています。現在ではほとんどの人は、市販の紙タバコを吸っています。一方、農村部で中高年の男性がしばしば吸っているのは、チャイナブラスと呼ばれる銅製の水タバコです。これは中国に広く見られるもので、細く刻んだ煙草をつめ、線香で火をつけて吸います。ところで、最近旧市街の道端ではビルマ製の太い葉巻を「トンバタバコ（東巴烟《トンバーイェン》）」と称して売っている人がいます。「トンバ」とは、後に詳しく述べるナシ族の祭司のことですが、そもそもこの葉巻とトンバとは全く関係がありません。麗江なら、とりあえず何でも「トンバ」をつければ売れるであろうという安易な発想によるもののようです。

○ナシ族の住まい

世界遺産である麗江の旧市街に見られる美しい家並みは、ナシ族の伝統的な建築物として有名ですが、ここに見られる家屋の多くは、もともとは漢民族の住宅の様式を取り入れたものです。茶馬古道の重要な中継地であった麗江の家屋には、早くから漢民族の文化が影響を与えており、現在、旧市街で見られるのも、多くが四合院や三合院といった漢民族の伝統家屋の形式です。これらの家屋は、瓦葺きの切妻屋根を持つのが特徴で、礎石と木材で建てられており、壁にはレンガを積んで漆喰が白く塗られていま

三坊一照壁の白壁。上部には書画が描かれる。（一九九六年九月）

す。かつては裕福な家ほど柱が太かったので、柱を見ればその家の豊かさが分かると言われます。

四合院は、四角い中庭を４つの棟が囲む家屋の形式で、三合院は四角い中庭を３つの棟が三方から囲むものです。三合院の場合、家屋のない面には白く塗られた壁があり、その壁に反射した日光が部屋の中にまで差し込むので、「三坊一照壁《サンファンイーチャオビー》」と言われます。この壁はただ白く塗られるだけでなく、趣のある様々な書画も書かれます。麗江では、こうした壁には漢詩や書画のほか、トンバ文字を使った書画作品が書かれることもあります。

中庭には、埋め込んだ敷石で吉祥のデザインが表されています。また、屋根の破風《はふ》の下には「懸魚《シュアンユー》」と呼ばれる魚の形の装飾があります。漢語で「魚《ユー》」は同音の「余《ユー》」に通じ、物が余るほど豊かであるということから、豊かさを願うモチーフとなっています。屋根の上には、「瓦猫《ワーマオ》」という猫の置物がつけられています。一見するとあまり猫には見えませんが、猫の顔が獰猛であるほど魔除けの効果があると言われています。

中庭にはたいてい青々とした盆栽や蘭の花が飾ってあります。また、変わった形の木の根を様々な動物や果物などに見立てたものが飾られること

中庭の敷石の紋様。（二〇〇七年八月）

外壁に書かれたトンバ文字の書道作品。瓦の上に見えるのは「瓦猫」。（一九九八年一月）

もあります（中国ではこれを「根彫」もしくは「根芸」と言います）。筆者がかつて住んでいた所では、これを作るのに天才的な才能を持ったナシ族のおじさんがいて、数々の傑作を日々生み出していました。

このような住居の様々な特色は、基本的には漢民族の伝統的な住居の様式をとり入れたものです。しかし、漢民族の伝統的な様式が次第に廃れていく現在、ナシ族の人々はこれらをナシ族自身の文化ととらえ、強いこだわりを持っているようです。特に、中庭の盆栽や蘭の花の手入れには、毎日多くの時間と手間をかけています。

今にも動きだしそうな「懸魚」。シャングリラ県三壩郷にて。（一九九八年三月）

獰猛な顔つきの「瓦猫」。（二〇〇八年八月）

根彫作品の数々。（一九九九年九月）

一方、農村部のナシ族の住居には、漢民族の影響を受ける以前の形態が残っているのも見られます。こうした家屋には漆喰は用いられず、木材をログハウスのように組み合わせて作られています。屋根は瓦ではなく板葺きで、石の重《おも》しで押さえてあります。家屋は比較的小さく、中へ入るとまず土間のスペースがあり、水がめが置かれ、鍋などの調理器具もあります。土間以外の家屋の大部分には、ひざくらいの高さの板敷きの床があります。この床には土足で上がり、男性はそのまま胡坐《あぐら》をかいて座り、女性は小さな腰かけを使ったりします。床の中心部には囲炉裏があり、寝る時は囲炉裏の周りにごろ寝《ね》します。部屋の奥には神様を祭る棚があり、その上

ログハウス式の家屋。シャングリラ県三壩郷にて。（二〇〇六年八月）

ストゥやブシが置かれた神棚。（二〇〇六年八月）

板床の中心にある囲炉裏。（二〇〇六年八月）

に「ブシ」いう木の葉【☞5頁、注17】のついた枝や、「ストゥ（Seetvq、スの籠）」と呼ばれる籠が置かれています。「ス（Seeq）」はナシ族の自然神、特に水の神であると言われます。この籠の中には、石、矢、階段状の梯子《はしご》の形に削った棒、塔のように削った棒、縄、紐などが入っています。これらはそれぞれ神、神山、神と人との媒介などを象徴しています。

また、現在でも農村部では、2階建てで1階に豚などの家畜を飼い、2階に人が住んだり、あるいは同じ1階の異なるスペースに人と豚が住んだりする形式も見られますが、衛生上の観点から次第に人と家畜を別の建物に分けるようになってきています。

春節に門に張られる対聯には、トンバ文字が描かれたものもある。（一九九八年一月）

○ナシ族の祭り

ナシ族の地域では様々な種類の祭りが行われていますが、それらは、⑴漢民族由来の風習として中国全土に広く見られるもの、⑵中国西南部の少数民族に広く見られるもの、⑶ナシ族固有の祭りとされるもの、の3つに大きく分けられます。

漢民族の風習として入ってきた祭りとしては、春節（旧暦1月）、清明節（旧暦3月）、端午節（旧暦5月）、中元節（旧暦7月）、中秋節（旧暦8月）、重陽節（旧暦9月）などがあります。これらについては、時期や基本的な概念は漢民族のものとほぼ同じですが、細部には他の地域にはあまり見られない特徴もあります。特に、春節の間に行われる「ムピュ(meebiuq、祭天)」の儀式はナシ族独特のもので、トンバ教の重要な儀礼ともなっています。また、1月15日には、春からの農耕に備えて、農具や苗木などを売り買いする「棒棒会《パンパンフイ》」が開かれます。

農業に関わる物品が取り引きされる棒棒会。（一九九八年二月）

中秋節で食べられる手作りの月餅。中央には食紅で書かれた「月」の文字が見える。（二〇〇三年九月）

西南部の少数民族に共通して見られるものには、旧暦6月の「たいまつ祭り（火把節《フォバーチィエ》）」があります。一説には、この祭りは穀物が実り始める時期に行われることから見て、害虫駆除に由来するものと言われます。麗江でも、各家では花で飾られたたいまつが灯され、広場では大きなたいまつを中心にして踊りが行われます。

ナシ族固有の祭りとされるものには、旧暦2月8日の「サンド祭り（三朵節《サンドゥオチィエ》）」や、先にも述べた「騾馬会」があります。「サンド（Saiddo）」はナシ族の守護神とされ、玉龍県白沙村の北岳廟に祭られていますが、こ

たいまつ祭りの日、各家の前に立てるたいまつ。（一九九六年八月）

の祭りは漢民族、ペー族、チベット族も参加するもので、もともとはチベットの神であると言われます。しかし、1986年、旧暦2月8日のサンド祭りは地元政府によってナシ族の「伝統祝日」として制定され、現在ではナシ族の祭りというイメージが強くなりました。

ところで近年では、サンド祭りの前後には、麗江だけでなく、昆明や遠く北京のナシ族の間でも様々なイベントが開かれるようになってきました。毎年、サンド祭りの時期が近づくと、ナシ族の多く集うインターネットの掲示板に、日時や会場の告知が行われ、それを目指してその都市や周辺のナシ族が多く集い、歌や踊りを楽しみ、様々な出し物に興じて故郷を懐かしみます。デジカメで撮られた祭りの様子は、すぐにインターネットの掲示板に掲げられ、当日来られなかった人も楽しめるようになっています。こうした祭りの変化も、時代の趨勢に敏感なナシ族の、巧みな適応の仕方と言えるかも知れません。

たいまつ祭りの夜、たいまつに火が灯される。（一九九六年八月）

サンドの神像。黒龍潭公園に移築された五凰楼にて。（二〇〇六年八月）

瓦屋根が黒く濡れる、雨の麗江旧市街。（二〇〇四年九月）

ナシ族の言語 ―その特徴と文字―

○ナシ語の系統

ナシ語は、言語の系統から言えば、シナ・チベット語族チベット・ビルマ語派における、イ語（彝語）に近いグループに含められます。シナ・チベット語族は、漢語やチベット語を代表とする巨大な語族です。その中のチベット・ビルマ語派は、チベット語やビルマ語を代表とする語派で、数多くの言語が含まれています。この語派の中で、ナシ語はイ族や、リス族、ハニ族などの話す言語とともに、イ語を代表とする「イ語系（彝語支）」に分類されています。確かに、ナシ語を学んでからイ語を学ぶと、言語を構成する三本柱である、発音、語彙、文法のそれぞれにおいて、両者に一定の共通点があることが実感できます。発音においては、音節や声調の構造がよく似ていますし、単語もよく似たものが多くあります。また、文法の面でも基本的な語順が同じであるといった共通点が見られます。

○発音と文法の特徴

標準的な発音では、ナシ語の音節は31の子音と、11の母音、4つの声調から構成されています。それぞれの音節は、子音と母音からなり、これ

麗江旧市街の路地にて。（二〇〇三年九月）

に声調がかぶさります。ただし、始めの子音はないこともあり、また、音節末の子音はもともとありません。そのため、漢語の音節末にある子音は、ナシ語の中に借用語として取り入れられると脱落してしまいます。また、三重母音はなく、二重母音も漢語に比べて少ないので、これらの母音がある漢語の発音は、借用語としてナシ語の中に入ると短く縮まったような音になります。ナシ族の話す漢語では、「リンゴ」を意味する「蘋果《ピングゥオ》」が、「お尻」を意味する「屁股《ピーグー》」になってしまう、という笑い話が聞かれるのは、2つの言語の間にこうした発音上の違いがあるためです。píng（蘋）のngや、guǒ（果）のoが、それぞれ脱落して、pìgū（屁股）のようになってしまうのです。

ナシ語の音節の声調には、4つの種類があります。それぞれ、高く平らな調子、真ん中の高さで平らな調子、低く平らな調子、そして、低いところからやや上がる調子です。このうち、はじめの3つはいずれも平らな調子と考えてよく、しかも4つ目の調子が見られる単語は数が限られているので、全体的に見ると、漢語（北京語）に見られるような、はっきりとした上がり下がりの調子は、音節単位ではあまり感じられません。

ナシ語の文法では、もっとも基本的な文の形はSOV、つまり【主語—目的語—動詞】の語順となっています。漢語の基本的な文の形はSVO、つまり【主語—動詞—目的語】ですから、ナシ語とは動詞と目的語の順序

旧市街のはずれから、玉龍雪山を望む。（二〇〇四年九月）

が逆になります。ナシ族の人が、昆明のような大都市に出てきてしばらくのうちは、彼らの話す漢語の語順が、ナシ語の語順に影響されて逆になってしまう、ということを若いナシ族自身の体験として聞いたことがあります。それを聞いた昆明暮らしの長い中年のナシ族は、「大丈夫、次第に慣れるから」とアドバイスしていました。

また、この他の文法上の特徴としては、格助詞が使われることが挙げられます。主語を表す nee《ニュ》（「…は」「…が」にあたるもの）や、動作の対象を表す dol《ト》 や gol《コ》（共に、「…に」「…へ」にあたるもの）などの格助詞があります。漢語には基本的にこうした格助詞がなく、主語、動詞、目的語の関係は語順によって示されるため、主語と目的語の語順を入れ替えると意味が変わってしまいますが、ナシ語の場合は、これらの助詞を使えば、語順を変えても意味が変わりません。例えば、以下の文は同じ意味になります。

Ngeq《ンガ》 nee《ニュ》 tee《テュ》 dol《ト》 yel《ユ》.（私が彼に与える）
私　…が　彼　…に　与える

Tee《テュ》 dol《ト》 ngeq《ンガ》 nee《ニュ》 yel《ユ》.（彼に私が与える）
彼　…に　私　…が　与える

盆栽や鉢植えが並んだ中庭。麗江の中心地域では、漢文化の浸透が色濃く見られる。（二〇〇三年九月）

○漢語由来の借用語

現在、ナシ語の中には多くの漢語に由来する借用語が含まれています。漢語からの借用語の量は、地域や世代によって違いがあります。一般的に言って、古城区の中心部では漢語からの借用語が非常に多く使われますが、周囲の農村部では相対的に少なくなります。さらに、麗江の中心から遠く離れた農村部では漢語からの借用語が少なく、ナシ語の語彙が多く使われる傾向にあります。また、老人と若者の間にも差があり、特に古城区の中心部では、近年ではナシ語を話せない若者も出てきています。

ナシ語の会話においてよく使われている漢語由来の借用語の例には、例えば次のようなものがあります。

Balfa《パファ》 me《ム》 jju《ジュ》.（どうしようもない）

balfa《パファ》 は漢語の「辦法《パンファー》」（方法）の借用であり、me《ム》 は否定の副詞、jju《ジュ》 は「ある」という意味の動詞です。もとの漢語では一文字目の「辦」の発音は bàn ですが、ナシ語には音節末の子音が存在しないため、最後の n の音は脱落します。また声調も、ナシ語の声調に変換された形になります。ナシ語の中の漢語借用語は、この例のように一定のナシ語の発音の影響を受けた上で、ナシ語の中に取り込まれて使われています。もし、同じ内容

「ノジャ」と呼ばれる揚げモチ。「ノ」は漢語の「糯（ヌオ）」からの借用、「ジャ」はナシ語の固有語で「油で揚げる」。このように借用語と固有語が結合した例も見られる。（二〇〇六年八月）

をナシ語のみを用いた形式で表現すれば、次のようになります。

Bbei《ベ》-tso《ツォ》 me《ム》 jju《ジュ》.（することがない）

bbei《ベ》は「する」という意味の動詞で、–tso《ツォ》は、動詞に後置して「…のこと」という意味を表します。このようなナシ語のみの発話は、主として農村部で聞くことができます。

ナシ語における漢語借用語には、このように現代の標準的な漢語から直接に取り入れられているものもありますが、一方では、より早い時期に漢語から取り込まれたものもあります。それらの借用語は、すっかりナシ語の中にとけ込んでしまい、もはやナシ語の固有語との区別がつかず、それを使用しているナシ族も漢語であることにあまり気づきません。こうした例には、miqtvl《ミトゥ》、leibbiuq《レビュ》、biliq《ビリ》などがあります。

miqtvl《ミトゥ》は、漢語の「蜜頭《ミートゥ》」の借用で、現地で売られている皮に凹凸のある柑橘類のことです（現地の漢語では「黄果《ホワングォ》」といい、普通のミカン（橘子《チュイズ》）と区別します）。また、leibbiuq《レビュ》は、「莱菔《らいふく》（láifú）」の借用でダイコンのことです。漢方医学の世界ではダイコンのことを莱菔《らいふく》と言いますが、それと同じです。biliq《ビリ》は、「篳篥《ひちりき》（bìlì）」の借用で、ナシ語の中では横笛のことです。篳篥《ひちりき》は、日本には奈良時代に伝えられ、雅楽の重要な管楽器

旧市街の路地にて。（二〇〇三年九月）

として現在も使われています。元の言葉が同じでも、ナシ語の biliq《ビリ》 と日本の篳篥《ひちりき》とでは、指すものがかなり異なることになりました。

以上は単語のレベルでの借用ですが、ナシ語における漢語の借用には、文法的な構造を借りている例も存在します。例えば、ナシ語には、疑問文の形式として以下のようなものがあります。

El《ア》 bbee《ブ》 lei《レ》？（行きますか？）

el《ア》 は動詞成分に前置する疑問の副詞であり、lei《レ》 は、文末に置かれる疑問をあらわす助詞です。これらは通常、動詞を挟んだ el《ア》……lei《レ》 のセットで用いられ、疑問文を形成します。bbee《ブ》 は「行く」という意味の動詞です。これに対し、漢語の文法形式を借用したものとして、現在では次のような形式を使うことも可能です。

Bbee《ブ》 me《マ》 bbee《ブ》？（行きますか？）

漢語の文法では、肯定形と否定形を並べると疑問文になるという規則があり、「去不去？」（いきますか？ 去＝行く、不去＝行かない）のように用います。上のナシ語の文の形式は、本来のナシ語の文法にはないもので、

旧市街のはずれには畑が広がる。（二〇〇四年九月）

漢語の文法の形式を取り入れたものです。

このように、現在のナシ語の中には多くの漢語由来の借用語や、一部の文法形式が取り入れられていますが、それでもナシ族がナシ語として話す場合には、その多くでSOVの語順を基本としたナシ語の文法構造が保たれています。

○ナシ語の方言

これまでの研究においては、ナシ語には、大きく分けて東部方言と西部方言の2つの方言区があるとされています。このうちの東部方言がモソ人によって話される方言で、西部方言がナシ人によって話される方言です。東西の方言の違いはかなり大きく、両者に共通する語彙は6割程度と言われます。筆者がナシ人から直接聞いたところでも、彼らはモソ人の言語を「6～7割は理解できる」とのことです。

東西2つの方言区は、さらにいくつかの細かな下位方言に区分されています。モソ人の言語である東部方言の中には、永寧《ヨンニン》方言、瓜別《グワビエ》方言、北渠壩《ベイチュィバー》方言の3つがあり、ナシ人の言語である西部方言の中には、大研《ターイェン》鎮《チェン》方言、麗江壩《リーチャンバー》方言、宝山州《バオシャンチョウ》方言の3つがあります。

西部方言に含まれる3つの方言のうち、大研鎮方言は、麗江市の中心である旧称・大研鎮（現在の古城区の中心部）とその近郊の農村で話されて

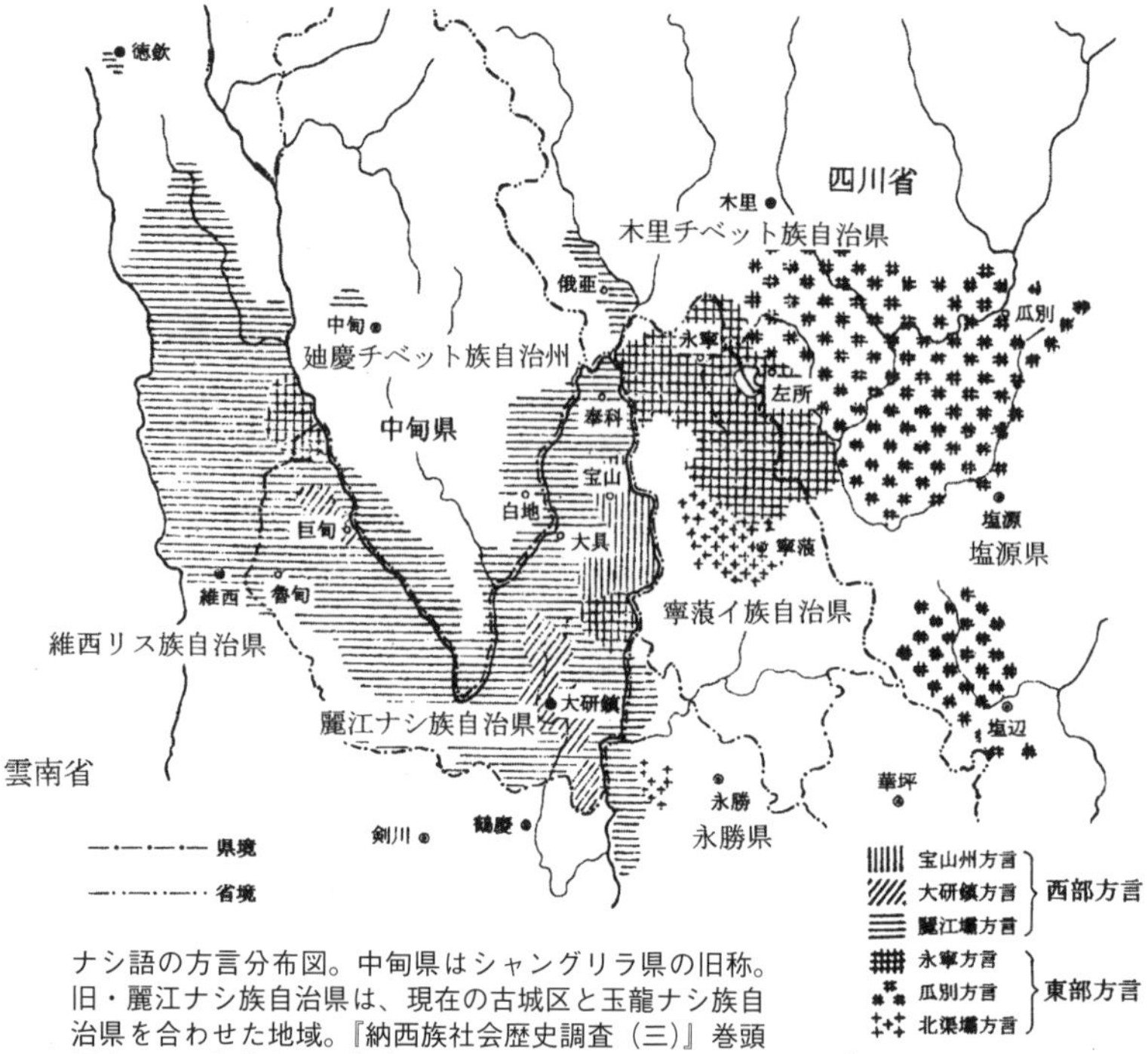

ナシ語の方言分布図。中甸県はシャングリラ県の旧称。旧・麗江ナシ族自治県は、現在の古城区と玉龍ナシ族自治県を合わせた地域。『納西族社会歴史調査（三）』巻頭頁より、一部修正して作成。

いる方言であり、麗江壩方言は、大研鎮方言の分布地域を取り囲む玉龍県の大部分の農村部と、シャングリラ県、維西リス族自治県、永勝県など、非常に広い地域で話されている方言です。また、宝山州方言は大研鎮の北北東に位置する、現在の宝山郷や鳴音《ミンイン》郷一帯で話されている方言です。そして、これらの方言や下位方言のうち、ナシ語の中での「標準音」とされているのは、ナシ族の居住する地域の政治的、経済的な中心地で話される大研鎮方言の発音です。

ナシ族の人々が集まると、ナシ語の中の方言の違いというものがよく話題になります。特に、交通の不便な遠い農村部で話されている方言については、その地域の出身者同士で交わされる会話になると、麗江の中心部のナシ族にはしばしば理解ができないと言われます。一方、遠い農村部の出身者でも、古城区の中心部のナシ語については、ほとんど理解できるよう

絵巻物のようなトンバ経典の一部分。

です。これには、現在では中心部のナシ語には漢語由来の借用語が大量に入り込んでいることもありますが、それぱかりでなく、麗江の中心地のナシ語というものが、一定の標準的なナシ語として、以前からある程度通用していたという側面もあるようです。

○ナシ語の文字―伝統的な文字

ナシ語には、後に詳しく述べるトンバ教の祭司、トンバによって伝承された文字がありました。これがナシ族の文化の中で、最も有名なものの1つである「トンバ文字（dobbaq tei'ee、東巴文）」です。トンバ文字には1300ほどの字形があり、トンバの読み書きする経典の中で用いられます。長い年月をかけてトンバ文字を覚え、これを使いこなして経典を読み書きすることが、トンバの活動の重要な柱になっています。

トンバ文字は、「生きている絵文字」や、「生きている象形文字」などと呼ばれ、その外見は絵のようなもので、物の形を象《かたど》った文字通りの「象形文字」です。象形文字と言えば、例えば漢字も元々は象形文字から始まったものですが、トンバ文字はこれよりもさらに絵としての性質を残しており、より原始的な文字の形であると考えられています。確かに、トンバ文字の中の多くの文字が、非常に写実的に物の形をよく写しています。ただし、実際の経典の中では、トンバ文字は単に象形文字として使われるだけでなく、特に象形文字で書き表しにくい概念については、同音の他の象形

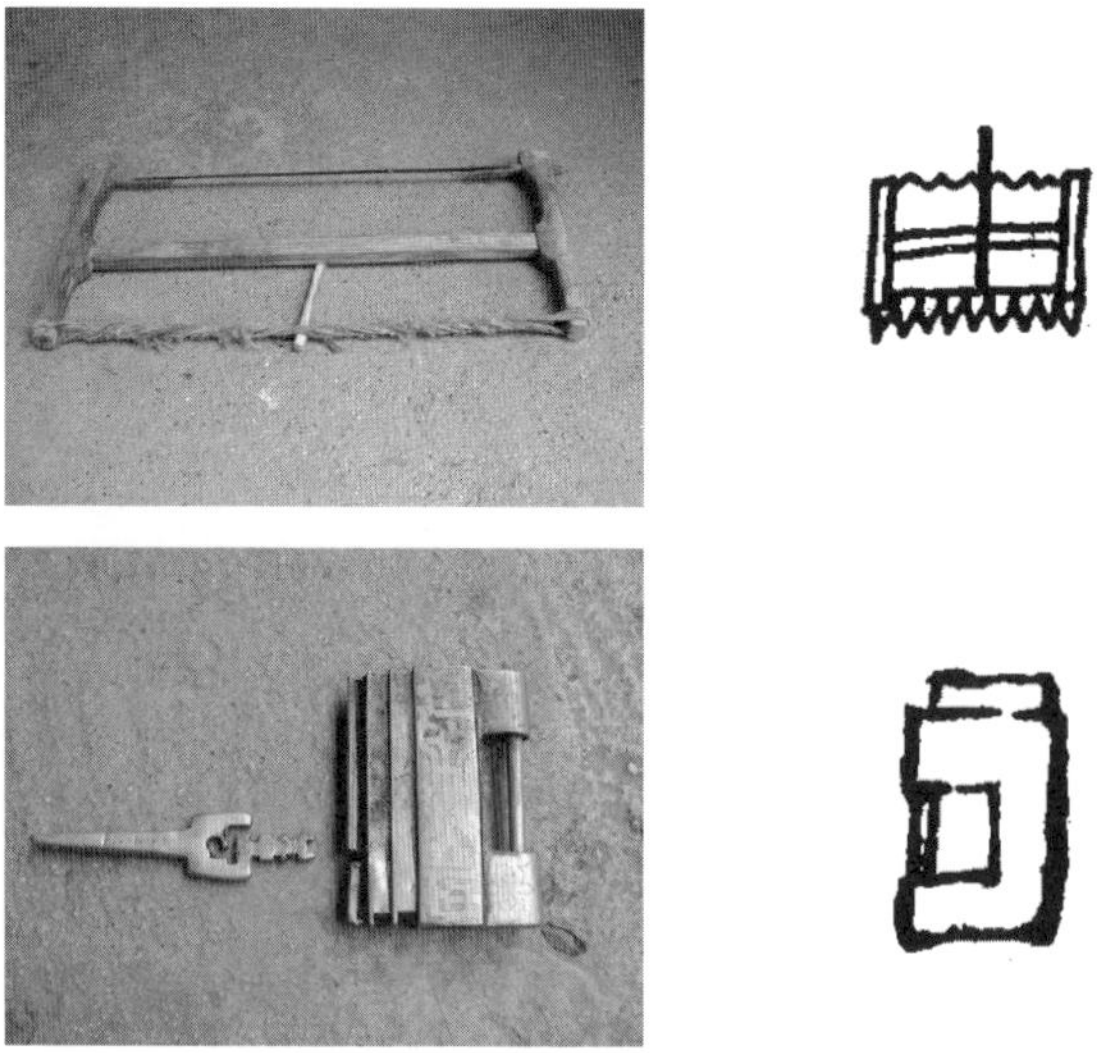

トンバ文字と実物の比較。ノコギリ（上）と鍵（下）。トンバ文字は、方国瑜・和志武一九八一（二九四頁）、李霖燦一九七二（九八頁）より。

文字を借りてナシ語の発音を書き表す用法も見られます。

また、トンバ文字がより原始的であるという理由の１つに、文字と言語との独特の対応の仕方が挙げられます。一般に、ある種の文字が実用的な文字として成り立つためには、文字とそれが書き表す言語の成分との対応が、ある程度決まっていることが必要です。どの文字が何を書き表すのかがはっきりしなければ、読み手はそれを正しく読むことができません。しかし、トンバ文字では、このような対応がしっかりと決まっていません。トンバ文字の１つの文字が書き表すのは、ある場合にはナシ語の一音節であり、ある場合にはナシ語の一単語であり、また、ある場合にはナシ語の一句であることもあります。さらに、１つのほら貝の形の文字が「ここまで読んだらほら貝を吹く」を意味するというように、何らかの動作を表すこともあります。

さらに、トンバ文字が読まれる時の方向は、基本的には左から右なのですが、細部では、時には上から下へくだったり、時には下から上へのぼったり、さらには右から左へ戻ったりと、かなりランダムに進んでいくという特徴があります。こうしたことから、トンバ文字で書かれた経典は、すでにその内容をしっかりと記憶しているトンバにしか正しく読むことがで

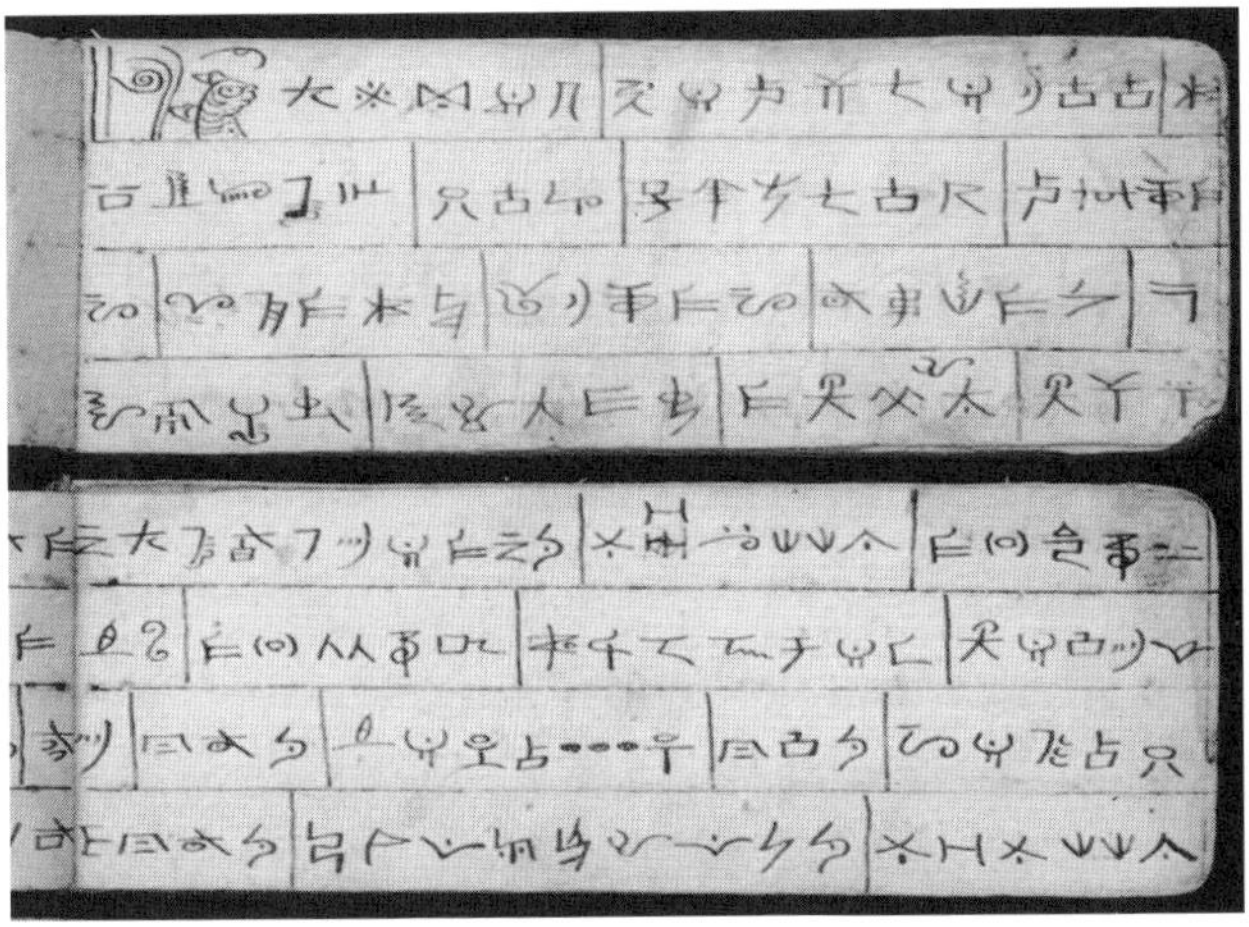

ゴバ経典。『東巴文化芸術』、雲南美術出版社、一九九二年、七一頁より抜粋。

きません。

ところで、ナシ族の伝統的な文字には、この他にも「ゴバ文字（ggebbaq tei'ee、哥巴文）」というものがあります。ゴバ文字はナシ語の音節を書き表す文字で、1つの文字は1つの音節を表します。その点では、言葉との対応がはっきりしないトンバ文字より、はるかに合理的な文字なのですが、1つの文字には異なる字体がたくさんあり、やはり正確に読みこなすのは難しいというのが実際です。

さらに、これら以外のナシ語の伝統的な文字としては、「ラコ文字（rerko tei'ee、阮可文、若喀文）」や「マリマサ文字（malilmasa tei'ee、瑪麗瑪薩文）」などがありますが、いずれもトンバ文字の変種と言えます。全体の文字数も少なく、使用されている範囲も狭いものです。また、ナシ語東部方言を話すモソ人にも、文字の数は非常に少ないものの、占いの書に使われる文字があるとされています。

○ナシ語の文字—実用的な文字

現在のナシ語を記すために作られた、実用的な文字としては、「ナシ族文字方案（納西族文字方案）」があります。これは、中国の学者によって1957年に草案が作られ、その後1981年になってから施行されたもので、漢語の表音規則である「漢語ピンインローマ字（漢語拼音方案）」との共

『納西文小学課本・語文（輔助読本）』。雲南民族出版社、一九九〇年。

『納西文課本』。雲南民族出版社、一九八五年。

通点を持たせたものです。草案が作られた当初は、ロシア語で使われるキリル文字なども入っていましたが、その後の改訂を経て、ラテンローマ字のみを用いてナシ語の子音、母音、声調を表記する方法となりました。現在まで、小学校用の教科書や農業関係の技術書、政治・法律関係の書籍、さらに若干の文学的著作などが出版されています。

しかし、この文字は、現状ではナシ族の間にあまり普及していません。この文字が制定されたのち、1980年代から一部の農村では普及の試みがなされましたが、当時の試みは、ナシ語の文字を普及させるというよりは、何語の文字であろうと文盲をなくしてゆこうという考え方に基づくものでした。そのため、この文字の普及が試みられた範囲は、漢語が十分に浸透していない山間部や、中心部からかなり離れた地域に限られていました。すでに漢語がある程度浸透している地域では、そのまま漢語の文字を用いればよいので、ナシ語の文字の普及運動を展開する必要はないと判断されたわけです。確かに、すでにナシ語と漢語のバイリンガルになっているナシ族にとっては、わざわざ独特の規則を覚えてナシ語の文字を表記するよりは、漢語の文字を用いた方が簡便であり、かつ漢民族など他の民族との交流においても有利です。

その後、2000年代に入ってから、ほとんどのナシ族が漢語とナシ語のバイリンガルになっている麗江の中心部でも、一部の小学校でナシ語の教

初めてナシ族文字方案で字幕がつけられたナシ語童謡の映像教材、『童謡は私たちの成長とともに』（玉龍県民族文化与社会性別研究会制作、二〇一〇年）。

育が始まり、その中でようやく「ナシ族文字方案」が用いられるようになりました。ただし、この教育もどちらかと言えば、よりナシ族的な文化と彼らが考えているトンバ文字の方に重点が置かれ、ナシ族文字方案そのものにはあまり光が当たっていない印象があります。これらの小学校で試みられている教育の成果が、ナシ族文字方案の浸透として表れるのには、もうしばらく時間がかかりそうです。それでもごく最近では、ナシ族文字方案を用いてナシ語の童謡を収集し、教材として出版したり（麗江市古城区白龍潭小学編 2007）、これを収めた映像教材の作成が行われるようになってきました。これらは小学校の現場で教える教師が中心となって活動しているもので、今後の進展が期待されます。

さて、この他にも、現代のナシ語を書き記す表記法として考案されたものには、1922 年から 1949 年までの長期にわたって現地に滞在し、ナシ族研究の父と言われるジョゼフ・ロックの考案した方式や、1930 年代に作られたキリスト教の宣教師による方式、さらにドイツのサンスクリット学者であったヤネルトによって作られた方式などがあります[3]。これらのうち、ジョゼフ・ロックが考案した表記法は、非常に複雑であるという欠点がありますが、彼の研究の重要性から、欧米では長らくこの表記法が用いられてきました。「ナシ」を、Na-khi と表記するのはこの方式に則ったものです[4]。しかし、最近の文化人類学的な著作などにおいては、欧米の著

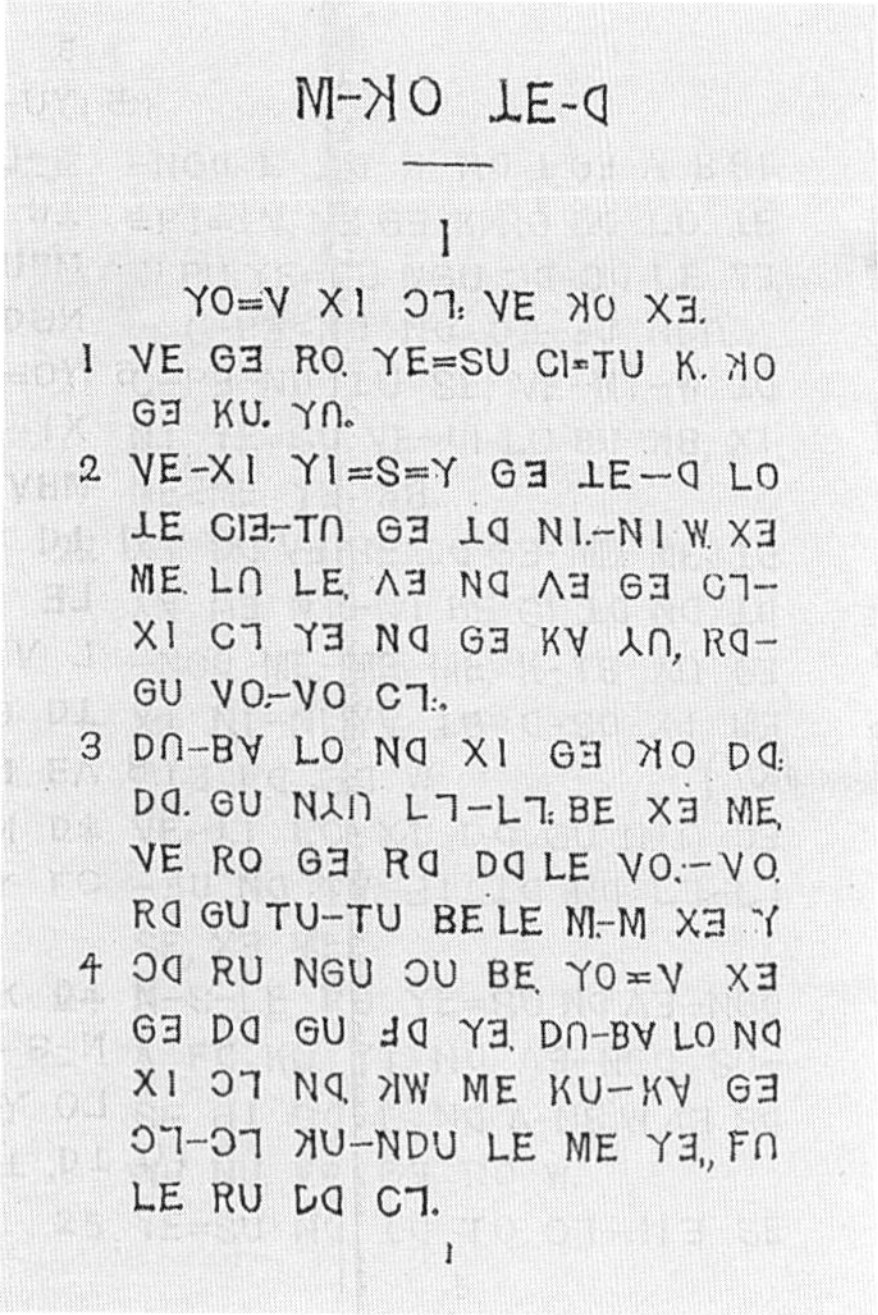

ナシ語に訳された「マルコ福音」の一頁。*Na-hsi Mark*, British & Foreign Bible Society, 1932.

作でもナシ族文字方案の書き方に取って代わられつつあります。その場合は、「ナシ」の綴りはNaxiとなり、声調記号まで含めればNaqxiとなります。

キリスト教の宣教師による方式は、1930年代に麗江で布教活動をしていたオランダの宣教師、スハルテン（Scharten）が考案したものです。1920年代、ビルマから雲南省に入ってキリスト教の布教活動を行った英国の宣教師フレイザーは、リス族に聖書を広めるために文字を考案し、それが「フレイザー文字」と呼ばれていますが、スハルテンのものはそれを参考にして作られた表記法です。1932年、聖書の「マルコ福音」がこの文字を使ってナシ語に翻訳されました。しかし、ナシ族の中にキリスト教が十分に広まることがなかったため、その後は普及することはありませんでした。

ドイツのヤネルトによる方式は、1980年代、サンスクリット学者であったヤネルトが、ナシ語の表記法として作成したものです。ナシ族の人類

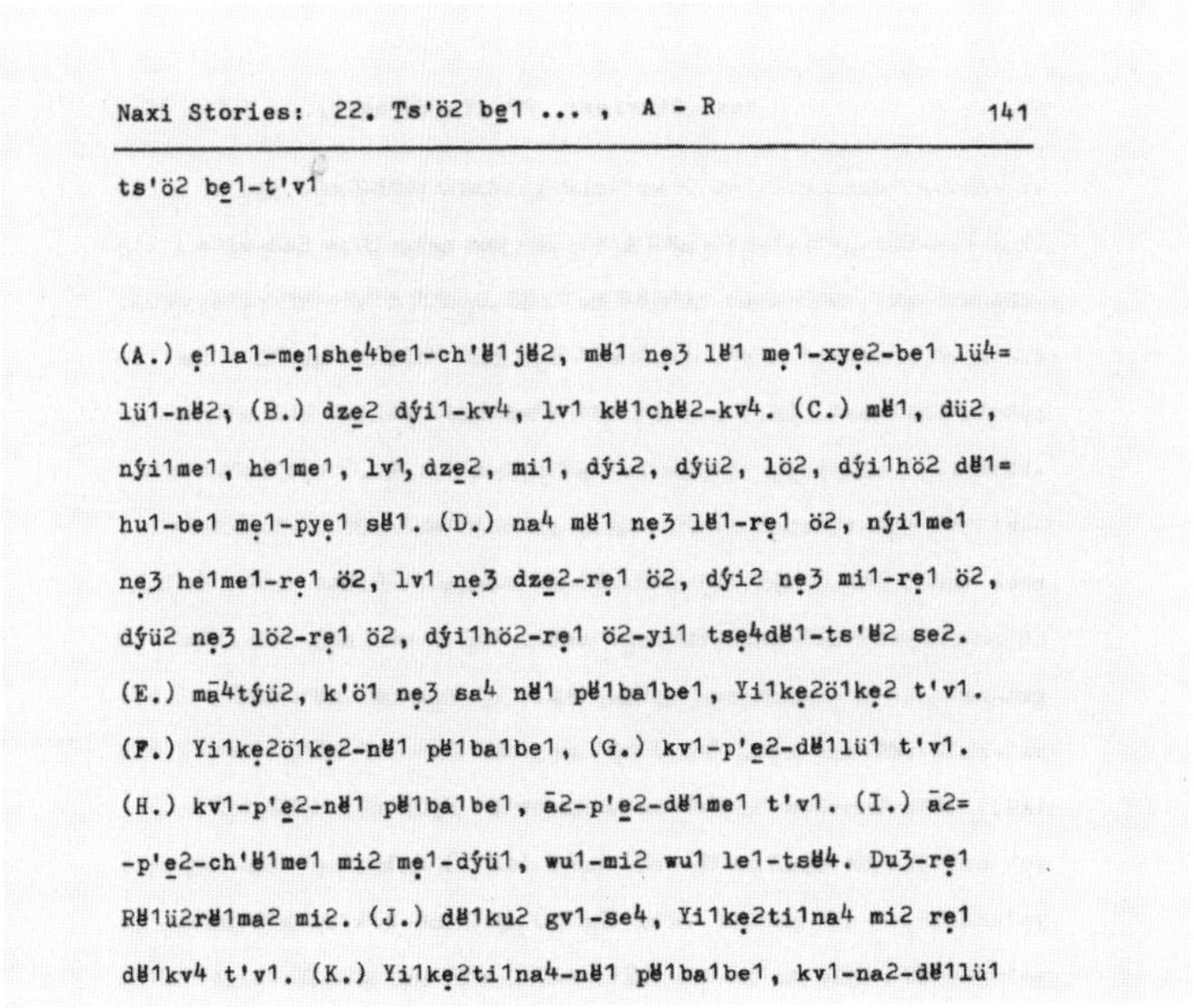

Naxi Stories: 22. Ts'ö2 be̱1 ... , A - R 141

ts'ö2 be̱1-t'v1

(A.) ẹ1la1-mẹ1she̱4be1-ch'ʉ̈1jʉ̈2, mʉ̈1 nẹ3 lʉ̈1 mẹ1-xyẹ2-be1 lü4=lü1-nʉ̈2; (B.) dze̱2 dỹi1-kv4, lv1 kʉ̈1chʉ̈2-kv4. (C.) mʉ̈1, dü2, nỹi1me1, he1me1, lv1, dze̱2, mi1, dỹi2, dỹü2, lö2, dỹi1hö2 dʉ̈1=hu1-be1 mẹ1-pyẹ1 sʉ̈1. (D.) na4 mʉ̈1 nẹ3 lʉ̈1-rẹ1 ö2, nỹi1me1 nẹ3 he1me1-rẹ1 ö2, lv1 nẹ3 dze̱2-rẹ1 ö2, dỹi2 nẹ3 mi1-rẹ1 ö2, dỹü2 nẹ3 lö2-rẹ1 ö2, dỹi1hö2-rẹ1 ö2-yi1 tsẹ4dʉ̈1-ts'ʉ̈2 se2. (E.) mā4tỹü2, k'ö1 nẹ3 sa4 nʉ̈1 pʉ̈1ba1be1, Yi1kẹ2ö1kẹ2 t'v1. (F.) Yi1kẹ2ö1kẹ2-nʉ̈1 pʉ̈1ba1be1, (G.) kv1-p'e̱2-dʉ̈1lü1 t'v1. (H.) kv1-p'e̱2-nʉ̈1 pʉ̈1ba1be1, ā2-p'e̱2-dʉ̈1me1 t'v1. (I.) ā2=-p'e̱2-ch'ʉ̈1me1 mi2 mẹ1-dỹü1, wu1-mi2 wu1 le1-tsʉ̈4. Du3-rẹ1 Rʉ̈1ü2rʉ̈1ma2 mi2. (J.) dʉ̈1ku2 gv1-se4, Yi1kẹ2ti1na4 mi2 rẹ1 dʉ̈1kv4 t'v1. (K.) Yi1kẹ2ti1na4-nʉ̈1 pʉ̈1ba1be1, kv1-na2-dʉ̈1lü1

ヤネルトによる方式で書かれた、*Stories in modern Naxi*（Yang 1988）に収められている創世神話「ツォバトゥ」の冒頭。

学者、楊福泉氏がヤネルトの招きでドイツに滞在した折に作成した民話集において用いられています。この方式は、タイプライターによる印字に適した方式として作られたものでしたが、その後、これを用いて書かれた本はなく、やはり十分に広まりませんでした。

ところで近年では、現地でもインターネットや携帯メールが普及しています。筆者は最近、ナシ族文字方案を用いて、現地のナシ族とナシ語で電子メールのやりとりをしています。ナシ族文字方案は、特殊な文字もなく、アルファベット26文字の範囲に収まるものなので、電子メールでの使用にも適しています。正確に読み書きできる人はまだ少ないものの、ナシ族文字方案でナシ語を正確かつ簡便に表記できることは、特にナシ語に関する質問をする場合などには、大変な効力を発揮します。また、最近では、携帯メールにナシ族文字方案を入れて送信したりする人も出てきました。このような形で、ナシ族自身がその利便性に気がつくことが普及への早道だと思われます。

カスタネット劇の脚本『一家団圓』。雲南民族出版社、一九八七年。

トンバ経典のテクストをナシ族文字方案で記した『黒と白の戦い（黒白争戦）』。雲南民族出版社、一九八七年。

○ナシ語の出版物

これまでに、ナシ族文字方案を用いて発行されたナシ語の出版物は、全体で三十数種（複数巻あるものをそれぞれ個別に数えれば五十数冊）あります。これらの出版物には、大きく分けて、小学校用の教材、文学関係の書籍、科学的知識や文化教育関係の書籍、政治・法律関係の書籍があります。このうち、小学校用の教材としては、ナシ語で書かれた『読み書き（語文）』、『算数（数学）』の教科書や、ナシ語と漢語の対照会話集などがあります。文学関係の書籍としては、トンバ経典のテクストをナシ族文字方案に書き直したものや、民謡のテクスト、カスタネットを使った劇の脚本、ことわざ集などがあります。科学的知識としては、基礎的な科学的知識や農業技術の解説書があり、文化教育関係としては、ナシ語の文法書や中国の少数民族に関する概説書があります。さらに政治・法律関係としては、中国の憲法や条例、中国共産党指導部による文書の翻訳などがあります。

また、唯一のナシ語を使った新聞として、1982年から発行された『LILJAI《リチャ》 NAQXI《ナシ》 WEIQBAL《ウェバ》（麗江納西文報）』というものがあります。この新聞は、基本的にはナシ族文字方案を用いて書かれていますが、後になるとナシ語が十分に読めない読者のために、ナシ語と漢語を対照させた記事も見られます。しかし、発行の頻度は年1～2回と極端に少ないうえ、途中で休刊した期間も長くありました。大きさは小さなタブロイド版で、

農業技術書、『リンゴ栽培技術（蘋果栽培技術）』。雲南民族出版社、一九九五年。

『納西新民歌』。雲南民族出版社、一九八八年。

計4ページしかありません。

こうしたナシ語の書籍や新聞が出版されるようになるのは、1980年代以降のことです。ナシ族文字方案は、文化大革命以前の1950年代にはすでに草案がつくられていましたが、それを用いて書籍などが出版されるようになるのは1980年代に入ってからでした。この時期は、少数民族の伝統文化が迫害された文化大革命が終わって数年が経ち、ようやく破壊された文化の復興が始まった時期です。ナシ語の書籍の出版も、この動きと軌を一にするものと言えるでしょう。しかし、同じく伝統文化の復興としてこの時期に本格化し、その後も大々的に進められてゆくトンバ文字など宗教文化に関する研究活動や、その成果の出版とは対照的に、ナシ族文字方案を用いた書籍の出版は次第に停滞してゆきます。

その後、1990年代の後半からは、麗江の観光化を背景として、ナシ族の民族的なアイデンティティーの高揚が見られます。この時期から現在にかけて、ナシ族文化の教育を目的とした教材が複数出版されました。ただし、こうした動きも、やはりトンバ文字などナシ族の宗教に関わる文化を中心とするものであることには変わりありません。その一方で、ナシ族文字方案を使った唯一の新聞である『LILJAI《リチャ》 NAQXI《ナシ》 WEIQBAL《ウェバ》』は、2003年にひっそりと停刊に追い込まれています。

ところで、政治・法律関係の書物は、近年になっても比較的出版量が

十数種の民族語で同時に出版された『雲南省実施《中華人民共和国民族区域自治法》辦法』。雲南民族出版社、二〇〇四年。

多くあります。おそらくこれにはまた別の背景があると思われます。これらの多くは、雲南省の十数種の少数民族語で同時に翻訳・出版されたもので、政府の民族政策の下で、多数の民族が団結・共存しているというイメージとうまく合致するものです。そして、それを外の世界にアピールするのにも好適な出版物であるため、資金的な支えも得られやすいと考えられるからです。

○ナシ語教育―ナシ語消滅の危機感

前にも述べたように、ナシ族の居住地域は元代に中央王朝の支配に組み込まれ、特に清代の改土帰流以降は、次第に漢民族の文化が浸透していきました。現在では、麗江のナシ族は、ほぼナシ語と漢語のバイリンガルであると言っていいでしょう。ナシ語は、家庭内での会話やナシ族同士の会話など、主に私的な場面に用いられ、一方、書き言葉や公的な場面での会話には漢語が用いられます。多くのナシ族が漢語を話せることは、仕事や商売のために周囲の民族と交流する点でも、あるいは麗江の外の世界へ出て行って成功するためにも有利なことでありました。従って、実用的な意味でのナシ語の必要性はあまり高くはなく、チベット族やリス族のような、ナシ族よりも漢語の浸透していない他の民族に比べると、自民族の言語であるナシ語に対する意識は低かったと言えるでしょう。

麗江で開かれた初めての本格的国際イベント、「中国麗江国際トンバ文化芸術祭」。世界遺産の麗江旧市街と、独特のトンバ文化に注目が集まった。（一九九九年九月）

こうした状況に変化が見えてくるのは、1990年代後半のことです。1997年、麗江旧市街はユネスコの世界文化遺産に登録され、これに伴って、現地ではナシ族の特色ある文化を目玉商品とする観光開発が急速に進行しました。その中で、「トンバ文化」のようなナシ族独自の文化が脚光を浴びる一方、より生活に密着した文化であるはずのナシ語そのものが消失してゆくという危機感も生まれてきました。

現在、広大な農村部まで含めて見れば、大量の漢語を借用語としてその中に取り込みながらも、ナシ語はまだまだ話されている言語であると言えます。しかし、麗江の政治・経済的な中心地である古城区中心部やその近郊の農村においては、ナシ族と、漢族やペー族など他の民族との婚姻もかなり頻繁に見られます。そのような婚姻で成立した家庭では、ナシ語と他の言語とが併存して使われています。そして、その家庭の子供たちの世代となると、夫婦の一方が漢族である場合には、漢語だけしか話すことができないという傾向があります。こうした現状から、ナシ族の母語喪失の懸念というものが出てきたわけです。

そこで近年では、このような現状に対して、子供たちにナシ語を教える「母語課」の授業が試みられています。2003年9月からは、古城区中心部の13ヵ所の小学校で「母語課」の授業が始まりました。授業時間数は少ないものの、ナシ語と漢語の双方を用いたバイリンガル教育の方法で、

古城区で行われるナシ語の授業。（二〇〇四年九月）

ナシ語やトンパ文字などの知識が教えられています。

また、ナシ族の居住する地域では、放送時間は短いながらも、ナシ語を用いた放送が行われています。これは当初は不定期のラジオ放送に始まり、2003年の後半からは週2回のテレビ放送となりました。この放送を担当するアナウンサーの1人は、麗江の中心から北方に約120km離れた宝山郷の出身者です。宝山郷は、開発が遅れているために漢語の浸透した時期も比較的遅く、ナシ族自身にとって、より古いナシ語が残っていると考えられる地域であり、こうした地域の出身者こそナシ語のアナウンサーにふさわしいとされているようです。しかし、このアナウンサーの朗読するナシ語は、文体的にも凝った表現が使われているため、漢語の影響を大きく受けている若い世代には、全て聞き取ることは難しいと言われています。

2011年1月からは、麗江人民広播電台のラジオ放送の中で、「私とナシ語を学ぼう（跟我学説納西話）」という番組が始まりました。これは1回数分の短いものですが、常用単語や短い例文を中心とした親しみやすい内容で、定時のローカルニュースの後に、1日数回同じ放送が繰り返されています。この番組は、ナシ語から離れつつあるナシ族の子供たちを主な対象としたものですが、すでにナシ語を話せなくなっているナシ族の青年や、外地から来た人々からもかなり反響があるようです。

小学校のトイレに書かれたトンバ文字。（二〇〇四年九月）

○ナシ語ポップミュージックの誕生

少数民族が自民族の言語で歌うポップミュージックは、中国西南部では1990年代の初め、イ族のグループ「山鷹組合」に始まり、イ族やチベット族ではすでに多くのアーティストが生まれています。しかし、これは主として数百万という人口の規模を持つ民族を中心に見られるものでした。

ところが、人口約30万人のナシ族においても、2005年頃からナシ語で歌う流行音楽が作られるようになりました。これには、麗江旧市街が世界遺産となり、世界の目が麗江とナシ族へ注がれるようになったこと、そして、それに伴いナシ族自身がトンバ文化やナシ語など自民族の文化へと目を向けるようになったことが影響していると思われます。

ナシ語の流行音楽の意味はそれだけにとどまりません。それまで、ナシ族においては、ナシ語で歌われる歌曲はほぼ伝統的な民謡に限られていました。筆者が麗江で生活していた2000年頃までは、ナシ語の歌と言えばそれは老人の歌手による素朴な民謡であり、それも保存を目的としたカセットテープが入手できる程度でした。かつて歌垣といった男女の交際の場面で歌われていた民謡は、そうした文化が廃れるとともに、次第にその意味を失っていきました。それがごく近年になって、ナシ語の歌は、若者たちが普通に楽しんで聞き、口ずさみ、曲に合わせて踊り出すようなナシ語のポップミュージックとなって復活したのです。現在では、ナシ語の歌曲

ナシ語による初めてのポップアルバム、肖煜光の『納西・浄地』。（二〇〇五年）

和文軍の『麗江・礼物』。（二〇〇七年）

を収録したCDやビデオCD、DVDが多く発売され、街の至る所で流されるようになりました。

こうしたナシ語のポップミュージックは、商業ベースに乗ったものとしては、まず、肖煜光《シャオユークワン》による2005年のアルバム、『納西《ナシ》・浄地《チンディー》 NAXI PURELAND』に始まります。肖煜光は、職業学校で調理師の勉強をしていた頃からナシ語による音楽活動を始め、その後は麗江のホテルでコックとして働き、ついにはそのホテルの責任者になった人です。このアルバムでは麗江やナシ族の文化・風習に見られる清浄なイメージを軸に、ポップスとして楽しめるような新味を加えました。働き者のナシ娘を歌った曲はレゲエ風の曲調です。実に、これが初めてのナシ語によるポップミュージックのアルバムとなりました。

また同じく2005年、1999年から歌手として活動を始め、様々なコンテストで賞を獲得していた和文軍《ホーウェンチュン》も、アルバム『楽土家園《ラートゥーチャーユァン》』を発表しました。その後、2007年のアルバム、『麗江・礼物《リーウー》（贈り物）』に収めた「納西三部曲」は、現地で大ヒットしました。これはよく知られているナシ族の民謡3曲を、ポップス風にアレンジしたものです。

女性のナシ語ポップス歌手としては、「雲南省旅行イメージ大使コンテスト」の準優勝を獲得した和漾水《ホーヤンシュイ》がおり、2007年にアルバム『水《シュイ》的《ダ》麗江《リージャン》（水の麗江）』を発表しました。麗江の水の美しさを軽快なラテン調で歌う曲で始まるアルバムで、ナシ語で歌った曲が複数収められています。

そして2009年には、ロックバンド風の「革嚢渡組合《ゴーナントゥズーホー》」という男性グループ

女性ポップス歌手、和漾水の『水的麗江』。（二〇〇七年）

初めてのロックバンド風グループ、革嚢渡組合による「二月八日」。ナシ族の守護神、サンドの祭りを題材にナシ語で歌う。（二〇〇九年）

が、ナシ族の守護神であるサンドの祭りを題材にした曲、「二月八日」を発表しました。「革嚢渡（革袋の渡し）」とは、モンゴルのフビライの軍が金沙江を渡って来た史実にちなんだネーミングです。この曲は、2月8日の祭りの日、ツバキの花を見に行こうと約束したのを君は忘れたのかい、と恋人に問いかける歌です。

さらに2010年には、わずか13歳という少女ナシ語歌手も誕生しました。張慧珺《チャンフイチュン》というナシ族少女のソロアルバム、『玉龍山下納西娃《ユーロンシャンシャーナーシーワー》（玉龍山のふもとのナシ少女）』では、そのタイトル曲に「ナシ族がナシ語を話せなければ祖先が怒る」、「ナシ族の子はナシ語を話さなきゃ」というフレーズが見られるほど、ナシ語というテーマを強く意識したものになっています。

「ナシ族がナシ語を話せなければ祖先が怒る」と歌う『玉龍山のふもとのナシ少女』。（二〇一〇年）

このようなナシ語によるポップミュージックの動きは、もともと民謡歌手として活動していた人々にも刺激を与えています。4世代にわたってナシ族の民謡を受け継ぐ和文光氏の一家は、娘の達坡瑪吉《ダポマチ》、息子の達坂阿玻《ダポアポ》ともにソロアルバムを発表していますが、より民謡を基礎とした曲調の中に、様々な現代的アレンジを加えるようになっています。

ところで、これらのポップミュージックで歌われるナシ語の歌詞は、歌詞カードや映像の字幕では漢字の当て字によって書かれています。これは現代のナシ語を書き表すナシ族文字方案が、まだ一般には十分に普及していないことによるものです。そこでは、かつて日本で行われた万葉仮名のように、漢字の意味は無視され、書きたいナシ語の音に近い発音の漢字を当てて記します。さらにこれだけでは全体の意味が分かりにくいので、多くの場合、漢語の訳文も併記しています。

こうした漢字による当て字は、古くは清代のナシ族による漢詩などにも見られるものですが、ナシ族文字方案が十分に普及していない現在では、漢語に通じたナシ族にはそれなりに実用的な意味があるようです。しかし、現状では、統一した表記の規則もなく、ナシ語と漢語の発音の違いも大きいため、必ずしも正確には書き表せないという欠点もあります。ナシ族の人がこのような当て字によって書かれたナシ語を読む場合も、しばし考えてからでないと、ナシ語の文として意味が取れないようです。

四世代にわたって民謡を受け継ぐ達坡瑪吉のアルバム、『納西珍珠』。（二〇〇七年）

《漢字による歌詞表記の例》革嚢渡組合「二月八日」（ナシ族文字方案と和訳は筆者による）

漢字	嘿美茨怎塞多本及住高給尼布布。
ナシ語	Heimeizeeq sseiq selddoq bbei jiq zhul gal gv nee bbvbbvq.
和訳	月はとても恥ずかしそうに雲をくぐる。
漢字	努美羅興吃故収収能。
ナシ語	Nvlmei loq xi chee gvl shushuq neiq.
和訳	心の中のあの人を探している。
漢字	茶花巴怎為票本嘿美次太尼忒然休。
ナシ語	Chaqhua bbaq sseiweq pieq bbei heimeizeeq tai nee teiq ssaiq xe.
和訳	椿の花は嬉しそうに月の下で笑っている。
漢字	厄箇努美羅吃故怎箇居。
ナシ語	Ngeq gge nvlmei loq chee gvl sseigeq jjuq.
和訳	僕の心の中のあの人はどこにいる 。
漢字	作太箇及活幾部怎箇達北勒。
ナシ語	Zzoqtai gge jjihoq jji bel ssei gv dal bbee lei?
和訳	橋の下の川は流れてどこに行く。
漢字	厄尼票箇吃故多早勒、多早勒。
ナシ語	Ngeq nee pieq gge chee gvl ddoq el za lei, ddoq el za lei?
和訳	僕の好きなあの人に会えるだろうか、会えるだろうか。
漢字	厄耶子目吃子克呢吃特呼休。
ナシ語	Ngeq yi zzerqmul chee zzerq kee nee chee teiq hu xe.
和訳	僕はあの大木の下で彼女を待っているよ。

シャングリラ県三壩郷のトンバ、和志本さん。（和尚礼氏撮影）

ナシ族の信仰 —独特のトンバ教—

○トンバとその活動

ナシ族の宗教は「トンバ教」であると言われます。この名称は、ナシ族の祭司である「トンバ」に由来します。トンバが司る宗教ということから、それを「トンバ教」と呼んでいます。トンバは、仏教で言うならば僧侶のような役割を担っています。しかし、トンバ教には寺院がなく、教団のような組織もありません。トンバは、職業的に宗教活動だけで生活することはせずに、普段は農業などを行い、他の農民と同様の暮らしをしていました。

ナシ語の「トンバ（dobbaq）」という言葉は、しばしば「智者」の意味であると説明されますが、もともとはチベット語からの借用語です。従来、その源になっているチベット語については、ポン教の導師トンパ・シェンラプなどに見られる、「トンパ（ston-pa、導師、教師）」という語であるとされてきました[5]。また、ナシ族の経典の中では、トンバを表す文字は「ピュ（biuq）」[6]、もしくは「ピュビュ（biubbiuq）」と読まれ、ポン教の祭司「ポンポ」、イ族の祭司「ピモ（畢摩）」、ハニ族の祭司「ベマ（貝瑪）」などと同源の語であると言われます。

トンバ文字が貼られた和志本さんの自宅の門。（二〇〇六年八月）

トンバになれるのは男性だけで、父から息子へ、あるいはオジからオイへと継承されることが多いようです。ただし、たくさんの文字を覚え、多くの経典を読み書きするには、幼い時からの努力と積み重ねが必要です。弟子のトンバは、夜、囲炉裏の明かりを頼りに、師匠のトンバから文字の書き方や読み方を１つ１つ教わったそうです。ただし、特殊な文字を描く才能が必要ですから、誰しもがトンバになれるわけではありません。その上、トンバ教の儀礼を行うには、独特の絵画や小道具を作成することも必要ですし、儀礼の中で経典を音楽的に朗唱する才能や、踊りを踊る才能も必要になります。

また、トンバは占いも行います。占いには様々な種類と方法があり、それに関わる経典も数多くあります。こうした占いは、かつては結婚や葬儀の日取りを決めたり、子供の名前を決めたり、家を建てる日取りや場所を決めたり、あるいは病気の原因を調べたりと、生活の様々な場面で使われていました。

○様々な祭祀儀礼

祭祀儀礼は、トンバが行う活動の最も重要な柱と言えます。トンバ教で行われる祭祀の基本的な方法は、適切な場所に祭壇を設け、神霊をそこに招き、供物を捧げ、経典を朗誦し、最後に神霊を送り返すというもの

ムピュの儀礼を行うトンバ。『東巴文化芸術』、雲南美術出版社、一九九二年、一二二頁より抜粋。

です。こうしたトンバ教の儀礼には様々なものがありますが、その中でも特に重要なものとしては、天を祭る「ムピュ（mee biuq、祭天）」、「ス（Seeq、署）」と呼ばれる自然神を祭る「スグ（Seeq ggvq、祭署）」、葬送儀礼、情死した男女を祭る「ハラリュク（her la'leeq keel、大祭風）」の儀礼などがあります。

「ムピュ」の儀礼は、トンバ教の儀礼の中で最も重要とされるものの1つです。この儀礼は、基本的には旧暦の1月と7月半ばに行われ、それぞれ「大祭天」、「小祭天」と称されます。この儀礼を行う時には、儀礼の会場に「祭天壇」と呼ばれる祭壇が設けられ、その上には3本の木が置かれます。これらは、それぞれ「ジラアプ（Rheelaq epv）」、「ツェフアズ（Ceiheeq ezzee）」、「シュ（xel）」という神体を象徴すると言われています[7]。また、この儀礼では、この他にも造物の神とされる「ドゥ（Dduq、男神）」と「セ（Seiq、女神）」や、代々の祖先神なども祭られます。祭天壇の前には、米、酒、豚などの供物が置かれ、トンバによって複数の経典が朗誦されます。これらの経典には、祭天のしきたりや、ナシ族の創世神話、あるいは万物の起源に関する神話などが書かれています。

「スグ」の儀礼で祭られる対象は、「ス」と呼ばれる神です。漢字では、「署」、「術」、「蘇」などの字を当てて書かれます。スは、自然界の万物を象徴する神と言われ、トンバ経典や儀礼で用いる絵画では、カエルの頭に、

スグの儀礼の祭壇。『東巴文化芸術』、雲南美術出版社、一九九二年、一三頁より抜粋。

人の体、蛇の尾をもち、水の神のイメージで描かれます。そのため、漢語では「龍王」と訳されることもあります。かつて、スと人間とは異母兄弟であったとされますが、その後、人間が自然を侵すようになって対立し、仇《かたき》同士の関係になります。人間は自然の報復にあって洪水や疫病に苦しみ、後に他の神の調停で、両者は不可侵の約を結びます。「スグ」の儀礼では、このスを祭ることで、人間がスの報復を受けずに、安らかに生きてゆくことができるよう祈ります。

○葬送儀礼

ナシ族の葬送儀礼は、麗江の中心部のように、漢民族の文化が深く浸透した地域では漢民族とほぼ同様の方法が取られ、一方、漢民族の文化のあまり浸透していない農村部ではナシ族独自の方法が残っていましたが、近年では、トンバの大幅な減少により、そこでも漢民族式の方法が増え、かつ、その方法も簡単なものに変わってきました。ここでは、これまでに記録された資料から、かつて農村部で行われていたナシ族独自の方式を紹介します。

ナシ族の伝統的な死生観では、死者は祖先の霊の住む土地へと帰ります。多くのナシ族の地域では、この祖先の地は「シロ大山（Jjuqna Sheello）」と考えられています【☞3頁、注2】。この祖先の地に帰るためには、人

儀礼で用いられるクヮ。『東巴文化芸術』、雲南美術出版社、一九九二年、三〇頁より抜粋。

は臨終の時に適切な処置をほどこしてもらう必要があります。適切な処置とは、息を引き取る直前、親族によって米粒、銀、茶などを包んだ小さな赤い紙包みを舌の下に置くことで、これを「ササク（salsa keel、息を入れる）」と言い、死に行くものに生きた命の陽気を持たせ、祖先の土地に戻る力や旅の費用を与える意味があります。

死者の息子は川へ水を汲みにゆきます。汲む時には貨幣を水に投げ入れ、水を「買い」ます。汲んで来たこの水で遺体を洗って髪を梳かし、髪と体にバターを塗り、麻布の死装束《しにしょうぞく》を着せ、麻布で顔を覆います。霊前には、一膳の食事が供えられ、燈明がともされます。ヤクの角笛を吹いて、祖先と、親戚や村の隣人に訃報を伝えます。それから、トンパに葬儀を依頼します。

翌日には、供物の牛や豚が用意され、トンパの助手によって「クヮ（kual、木牌）」と呼ばれるものが用意されます。これは、お墓にある卒塔婆《そとば》のような形の長さ50～60cmの木片で、様々な神や霊の絵が描かれています【☞33頁、注158】。また、ツァンパで作った神像なども用意されます。

葬儀では、様々な儀礼が行われます。まず、トンパは経典を唱えて悪霊を払う儀式を行い、悪霊が死者の遺体を食べるのを防ぎます。また、死者に食物を供える儀式や、死者の品徳や善行を子孫に伝える「ノオサ（no'

儀礼で広げられるヘジピ。『東巴文化芸術』、雲南美術出版社、一九九二年、一五〇頁より抜粋。

oq sal)」の儀式が行われます【☞ 31 頁、注 147】。この儀式では、霊前に酒が供えられ、トンバが「ノオサ」の経典を唱えます。その後、トンバは酒を子供たちに渡し、皆でこれを一口ずつ飲みます。この他にも、様々な悪霊を鎮めたり、食物を与える儀式などが行われますが、それらが全て終わってのち、生きている者との決別を意味する「死の門を閉じる」という儀式の経典が唱えられます。

出棺の日には、棺から家の出口まで、「ヘジピ（heiq ree piq）」と呼ばれる長い巻物が広げられます。これは霊魂の行く道筋を示したもので、漢語では「神路図」と訳されています。ヘジピは、下から上へと悪霊界、人間界、神界に分けられており、そこには仏教的な地獄と極楽の観念が見られます。しかし、ナシ族の伝統的な死生観では、死者は祖先の土地に帰ることになっており、悪霊界、人間界、神界という階層的な観念とは一致しません。そのため、ヘジピに示された階層的な世界観は、主としてチベット仏教の影響であろうと考えられています。トンバは広げられたヘジピを前に経典を唱え、死者に死後の道筋を示します。その後、棺は参列者によって火葬場に運ばれ、火葬にされます。

葬儀の年か、その翌年の旧暦 11 月に、ナシ語で「シグ（xi ngvl）」と呼ばれる儀式が行われます。このシグでも、葬儀と同様に様々な儀礼が行われます。儀礼の前には、火葬場の周囲の山から伐って来た木を用いて、

ヘジピに描かれた神々。『東巴文化芸術』、雲南美術出版社、一九九二年、一六六頁より抜粋。

ハラリュクの儀礼を行うトンバ。J. F. Rock, "The Romance of K'a-mă-gyu-mi-gkyi", 1939, pl.XV より抜粋。

亡くなった者の身代わりになる人形が作られます【☞31頁、注149】。

「グ（ngvl）」と呼ばれるこの人形は、葬儀の時に火葬場に埋めておいた死者の遺灰と一緒にされ、各種の神像が飾られた祭壇に置かれます。グは死者と同様に扱われ、供物が捧げられます。この祭壇を前にして、葬儀の時と同様、ヘジピを用いて死者の行く道が示されるなど、様々な儀礼が行われます。最後には、やはり「死の門を閉じる」という儀式の経典が唱えられ、その後、遺族はグを持って村で共同の洞窟へ行き、そこにグを安置します。こうして、ようやく死者は祖先の地に帰り、その列に並ぶことができるのです。

トンバ教による葬送儀礼の方法は、生前の職業や事績、また亡くなった年齢や死因によって細かく分けられており、それぞれに異なるやり方があります。トンバ、トンバの妻、能力者、長寿の人、牧人、職人、産褥《さんじょく》期に亡くなった女性、父母より早く亡くなった子供など、その方法は死者の区分によって細かく分かれており、使用される経典や儀礼のしきたりに違いがあります。

○「ハラリュク」の儀礼

そして、「ハラリュク」とよばれる儀礼こそが情死者を弔うもので、本書でご紹介した『ルバルザ』の経典が唱えられる儀礼です。息を引き取る

クワに描かれた、首を吊った数々の情死霊。『東巴文化芸術』、雲南美術出版社、一九九二年、二三頁より抜粋。

時、先に述べた処置を受けられなかったものは、異常死の霊となってあちこちに漂い、人々に祟りをもたらすと考えられています。親族に見取ってもらえない者、つまり自殺や事故で亡くなる人は、「ササク」の処置をして「息」を入れてもらえないため、異常死の霊となってしまいます。これら異常死の霊の中でも、特に男女の情死によって亡くなった霊を弔うのが、ハラリュクの儀礼です。「ハ（her）」は「風」、「ラリュ（la'leeq）」は「漂う」・「放蕩」、「ク（keel）」は「供物を置く」ことを意味し、全体で、風のように漂う情死の霊を弔うことを意味します。

情死の霊には、「ツ（cee）」や「ユ（yeq）」があり、前者は首吊りによって死んだ霊を指す言葉で、後者はその他様々な方法で死んだ霊を指す言葉です。経典の中では、この2つの情死の霊を表す言葉が、しばしば並列されて用いられています。ちなみに、yeq はナシ語の「腐る、崩れる（yeyeq）」という言葉と関係すると思われます。

この儀礼は、供物の量や儀礼にかけられる時間など、その規模によって大小に分けられますが、これは主に依頼する家の経済的な条件によります（ちなみに規模の小さいものは「ハク（her keel）」と呼ばれます）。規模の大きい場合には、儀式は5日間にも及びます。多くの親戚や友人、隣人が招かれ、5～6人のトンバによって120冊もの経典が唱えられ、多数の豚や羊、山羊、鶏と大量の米が供えられます。この儀礼を行うことで、死

ハラリュクの祭壇に設けられるラリュザ。J. F. Rock, "The Romance of K'a-mä-gyu-mi-gkyi", 1939, pl.XIII より抜粋。

者に子供がいる場合には、死者の霊魂は祖先の霊が住む土地に送られ、死者に子供がいない場合には、死者の霊魂は『ルバルザ』にも登場する「ツェニジュカボ（Ceiq ni jjekeq bbuq、十二の峰間の谷）」に送られます【☞13頁、注66】。そこは情死の霊の首領であるユズアズとカトゥスィクヮや、その他の多くの情死の霊が住む所で、ここが玉龍雪山の奥にある3つ目の草地であるという言い伝えもあることから、後に、漢語では「玉龍第三国」と訳されました。

ハラリュクの儀礼では、死者の生まれ育った家に祭壇が設けられます。

情死の霊が好む様々な小物が掛けられたラリュザ。『納西族東巴教儀式資料彙編』、雲南民族出版社、二〇〇四年、巻頭頁より抜粋。

この祭壇には、情死の霊を鎮めるという「カラ（ka'rer）」という神の絵が掛けられ、さらにたくさんのクヮや、ツァンパで作った神像も用意されます。祭壇は、神のエリアと、悪霊のエリアに分かれています。そして、祭壇の中で特に重要なものが「ラリュザ（la'leeq zzerq、祭風樹）」です【☞33頁、注160】。これは、枝を残した松と白楊《はくよう》の2本の木からなり、高さは3mほどです。2本の木のてっぺんには日月を表す旗があり、死者の行く旅路を照らします。その下にあるクヮに描かれた龍と神鳥は、死者の道案内をしてくれます。また、この木には沢山の三角形の旗がつけられ、3段にわたって、5色の糸が蜘蛛の巣のようにひし形に掛けられています。これは、情死者の住む楽園を象徴するものと言われます。また、下の方には霊の休む所とされる籠がぶら下げられます。2本の木の間には、横に縄が掛けられ、この縄に情死の霊が好むという、口琴、縦笛、櫛、鏡、キセルや、紙で作った衣服などが下げられます。

ハラリュクの初日は、供物や道具、祭壇の準備に始まり、いくつかの経典が唱えられ、穢れを清める儀式が行われます。その後、情死者の霊が祭壇に迎えられ、弔われるのは3日目です。その日は、早朝から経典が唱えられ、供物の山羊が屠られます。それから、情死者が死んだ方向を望む山の上に祭壇が作られます。トンバはここで情死者の霊を招く経典を唱え、

クヮに描かれた五方の情死霊の女頭目。五方とは左から、東、南、西、北、天地の間のこと。『東巴文化芸術』、雲南美術出版社、一九九二年、二九頁より抜粋。

呼び寄せられた霊は、死者の名前を記した位牌の形となって生まれた家に帰るのです。こうして生家の祭壇に連れて来られた死者の霊に対して、トンバは、再びいくつかの経典を唱え、山羊や羊を屠り、神々に霊を鎮めてもらうための踊りを踊ります。

次に行われるのが、情死の縄を切る儀式です。ツツジの葉を結んだ縄を母屋の柱に掛け、2人のトンバが踊りながら、この縄を切ります。この後、主人の一家や招かれた客はみなラリュザの前に座り、トンバ全員が『ルバルザ』を唱えます。それから情死者に食物が供えられます。また、この日の午後には、縄を解く儀式が行われます。トンバが主人の家族全員の首に細い麻縄を掛け、経典を唱えながら、鎌で縄を解いて断ち切ります。こうして、首を吊った情死者の霊は、その首を絞めていた縄からようやく解放されるのです。この日は、さらにその後もいくつかの儀式が行われます。

4日目は、情死者の霊が済度される日です。早朝から、トンバによって複数の経典が唱えられ、いくつかの儀式が行われます。そして、1羽の鶏の口に米粒と銀が入れられ、縄でこの鶏の首を絞めて殺します。これは、鶏を身代わりに使って、異常死をとげた情死者が与えられなかった「息」を入れる処置をすることを意味します。こうして死んだ鶏は、小さな棺桶

メコン川上流部で使われている川渡りのロープ（溜索）。（二〇〇六年八月）

に入れられて、情死者と同様に扱われます。本書でご紹介した『ルバルザ』にも、すでに死んだカメジュミチに、ズブユレパが「山羊の息、羊の息を入れれば、また話せるのか」と問うくだりがありますが、ここには、このような「息」に関する考え方が反映していると思われます。

この日の午後になると、1人のトンバがラリュザやクヮなどを持って、情死者が死んだ方向を望む山の上に行き、そこに祭壇を作ります。他のトンバは主人の家で儀礼を続けますが、それが終わると山の祭壇に集合します。そして、家の中で作ったように再び祭壇を整えて、複数の経典を唱えます。その後、情死者を意味する木の人形が作られ、死装束を意味する白い麻布で包みます。そして、さらに複数の経典を唱えます。

最後に行われるのは、川を渡るロープの儀式です。あまり橋がかけられてない所で使われる川を渡るためのロープは、ナシ族の住む地域では、現在でもメコン川の上流部で使われています【☞ 17 頁、注 103】。1本の細い縄をこのロープに見立てた儀式が、情死者の霊をこの世から彼らの行くべき所へと旅立たせる意味を持ちます。トンバは縄の一方を杉の枝で作った霊の住処に結び、一方を手で持ち、この縄に木の人形を掛けます。下には水を流し入れた溝が作られ、これが生死の境の川となります。トンバが手で持った縄の端を持ち上げると、人形はするすると縄をつたって霊の住処へと渡ります。トンバはこの縄を断ち切り、霊の住処を燃やします。そ

シャングリラ県三壩郷で行われるトンバの祭り。(二〇〇〇年三月)

れから、「死の門を閉じる」儀礼の経典を唱えます。その後、主人の家に戻ってから、トンバはさらにいくつかの儀式を行います。そして最後の5日目にも、トンバはいくつかの災いや悪霊を払う儀式を行います。

○消えゆくトンバと伝承活動

現在、トンバによる祭祀儀礼は、すでに一般のナシ族の人々の生活と結びついた形では行われていないというのが実際のところです。おそらくかなり早い時期から、ナシ族の居住地の中心部では、漢民族の文化の浸透により、トンバ教はその地位を失っていたと考えられます。中華人民共和国の成立後、特に、文化大革命の時期（1966～1976）には、トンバは弾圧され、経典が焼かれるなど徹底的な破壊にも遭いました。文化大革命の収束後、1980年代以降になって、シャングリラ県三壩郷などの地域では、失われた宗教儀礼を復活させようという動きがありますが、ナシ族の居住地域全体としてはそれも十分には進んでいません。トンバが存在する主要な地域は、実際には麗江市とその周辺ではなく、むしろその北のシャングリラ県であり、さらにより多くのトンバが存在し得るのは、四川省のナシ族地域であるようです。現地でのトンバ研究は、衰退するトンバの影を追って、次第に奥へ奥へと入り込んでいるような印象があります。

一方、1990年代の後半から始まるのが、トンバ教の伝承活動です。こ

主なトンパ教の伝承組織

組織名称	場所	開始時期	伝承内容
署明東巴文化伝習点	塔城郷署明	1983年	儀式、各種伝承
麗江東巴文化学校	東巴文化博物館	1995年	トンバ文化基礎知識
麗江納西文化研習館	金山郷貴峰村	1998年	経典、文字、絵画、舞踊、儀式
五台東巴舞伝習班	五台下東河村	1998年	舞踊
東巴文化伝習班	黄山小学校	1999年	文字、経典、民謡など
納西文化伝習中心	麗江	2000年	ナシ文化一般
麗江東巴文化伝習院	麗江	2000年	トンバ文化一般

れは、それぞれのトンパによる個別の意思に任せた伝承ではなく、現地の研究者や活動家が中心となって、若いナシ族に組織的にトンバ教に関する文化を教えていこうとする活動です。このような伝承活動は、現地の政府機関によって組織されたものもあり、また、民間で組織されたものや、学校によって組織されたものもあります。こうしたトンバ教の伝承組織は、2000年頃までにかなりの数が立ち上げられていますが、資金面での困難などから、現在でも継続してその活動が続けられている組織は必ずしも多くはありません。

民間で組織され、現在でも活発に活動している組織として、和力民さんの指導する「麗江納西文化研習館」があります。和力民さんは、雲南省社会科学院の下部組織である東巴文化研究院に所属する研究者で、トンバ経典の研究でも有名な方ですが、このような若い世代への伝承についても精力的に活動されています。この組織は1998年に設立されたもので、その中には、「トンバ学習クラス」と「婦女トンバ文化学習クラス」の2つがあります。「トンバ学習クラス」は男性のみのクラスで、若いトンバの養成を目的とし、その学習内容には、トンバ文字やトンバ教の宗教儀礼などが含まれます。それらは教室での学習から始まり、段階が進むと実習を伴う学習となり、さらには実際に儀礼に参加する学習もあります。在籍しているナシ族の学生は二十数名だそうです。このクラスの対象が男性のみで

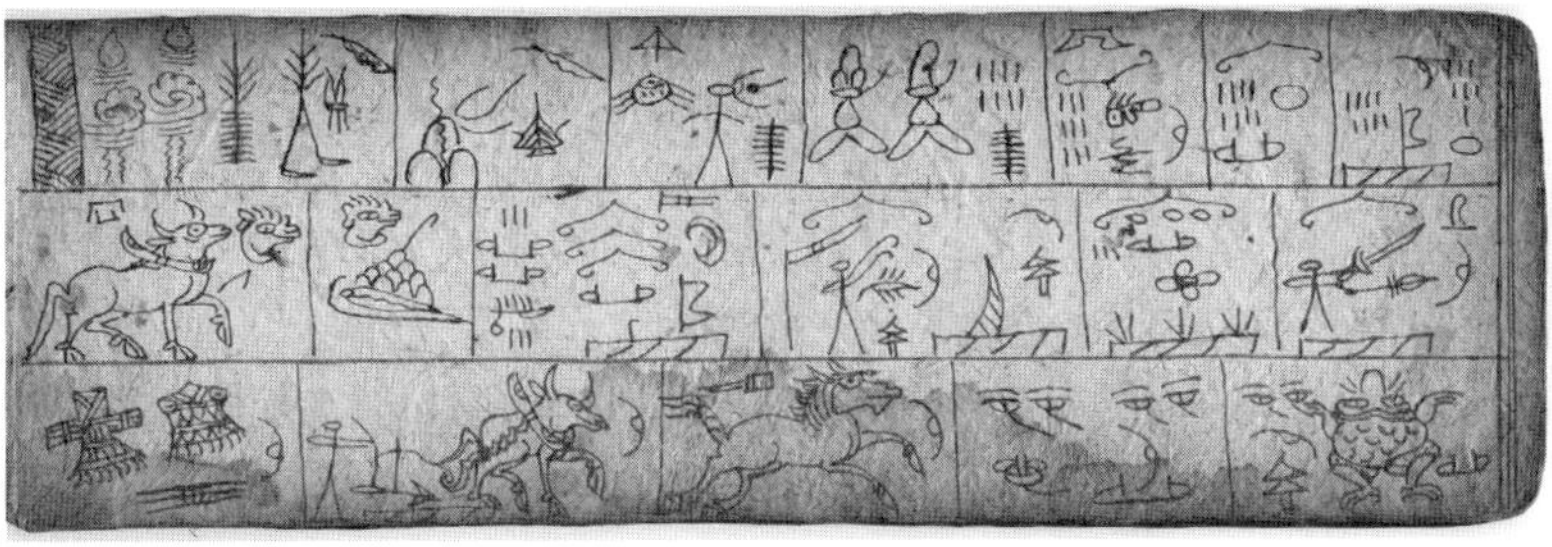

3段に区切られたトンパ経典の１頁。

あるのは、先にも述べたように伝統的にはトンパになるのが男性だけであるためです。

一方、「婦女トンパ文化学習クラス」は、前者に入れない女性のために作られたクラスです。前者がトンパ文化そのものの継承を目的とするのに対し、こちらはそれだけでなく、トンパ文化を外の世界に宣伝する目的も併せ持っています。その学習内容には、基本的なトンパ文字と、それを用いたトンパ文字の書道、ナシ族の歌舞、さらにナシ族の社会や歴史に関する知識も含まれます。特徴として挙げられるのは、ナシ語の格言、俗語、民謡、さらには社会、歴史といった、トンパ教の範囲だけに限られない幅広いナシ族の文化が含まれていることです。ナシ族の中で廃れつつあるトンパ教は、こうした活動の中で、部分的に形を変えながら次の世代への伝承が試みられているのです。

○トンパ経典とゴバ経典

トンパ経典は、縦 8～9cm、横 23～29cm の横長の厚手の紙を、左側で綴じたものです。紙はトンパによって手漉きで作られます。経典は、はじめに表紙があり、経典のタイトルが記されています。以降のページは、基本的には上中下の３段に区切られていて、それぞれの段がさらにテクストの区切りごとに縦線で仕切られています。

経典に書かれた文字は、上の段の左端から始まって右端まで進んでゆき、続いて中の段の左端から右端まで、最後に、下の段の左端から右端へと進んでいきます。テクストの区切りごとに縦線で区切られたコマ単位で見ると、その進行方向は左から右と決まっています。しかし、各コマの中に書

手漉きで作られるトンバ経典の紙。（二〇〇七年八月）

かれたトンバ文字の方向は、前にも述べたように、場合によって上から下へくだったり、下から上へのぼったり、あるいは、コマの進行方向とは逆に、右から左へと進むこともあり、一定していません。

トンバ経典に記された言葉には、現在話されているナシ語の口語とは異なる特徴が見られます。唱えられるテクストは、完全な定型というわけではありませんが、多くの場合、五音節や七音節の韻文の形を取っています。さらに、これが実際の儀礼においては、メロディーをつけて朗誦されます。また、この言葉には、現在の口語には見られない語彙が含まれていますが、これらは現地の研究者には古語の名残と考えられています。

一方、ゴバ経典は、1つの文字が1つの音節を表すゴバ文字で書かれていますから、文字が読まれる方向は、基本的には左から右へと一定に進み、戻ったりすることはありません。経典のスタイルは、トンバ経典とほぼ同じような大きさの紙を、やはり同様に横に綴じたものです。ただ、ゴバ文字はトンバ文字に比べて文字の高さが低いので、1頁の段数はトンバ経典に比べて多くなるようです。

○経典研究の歴史

ナシ族の経典が外の世界から注目され、その収集や研究が始まったのは、19世紀の後半です。この時期、チベットと中国の境界で布教活動をして

チベット服に身を包んだジョゼフ・ロック。

いたキリスト教の宣教師や、この地域を探検していた西洋の探検家によって、ナシ族の経典の存在が世界に伝えられました。その後、1920年代からは、オーストリア生まれで後にアメリカに移住した学者、ジョゼフ・ロックによる研究が行われます。ロックは、これまでのナシ族の研究史において、最も重要な学者とされています。当初、植物学者として雲南を訪れたロックは、ナシ族の経典に出会うとその魅力にとりつかれ、収集と研究に没頭します。1922年から1949年までの長期間にわたって、ナシ族の住む地域を中心に探検や調査を行いながら、およそ8000冊を超えると言わ

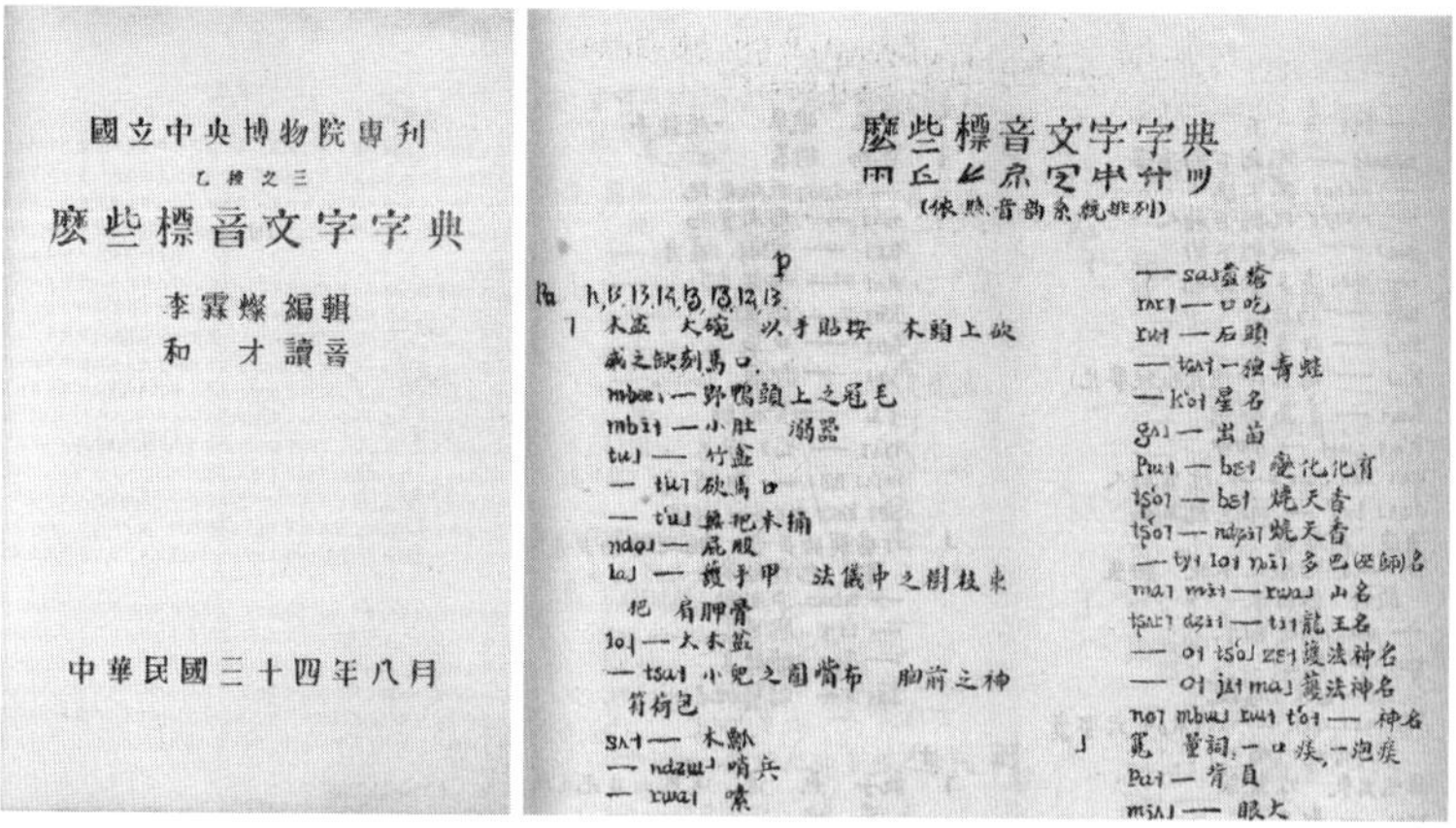

李霖燦による『麼些標音文字字典』、一九四五年。

れる経典を収集し、それについて多くの翻訳や研究を残しました。

一方、1930年代からは中国人による研究も始まります。初め、杭州で絵画を学んでいた李霖燦《リーリンツァン》は、日本との戦争で多くの大学が西南部に疎開するのに従い、遠く雲南までやってきます。そして、昆明で研究者が持っていたナシ族の経典に出会い、もともと絵を学んでいたことも大きく影響して、ナシ族の経典のとりこになります。その後、中華人民共和国が成立する1949年まで、ナシ族の経典を収集し、ナシ族のインフォーマントの助力を得て研究を進め、その翻訳や注釈を作成し、さらにトンバ文字とゴバ文字の字典も編纂しました。彼の著作の多くは、国共内戦後に渡った台湾において出版されています。

また、この時期には、著名な言語学者の傅懋勣《フーマオチー》も、複数のナシ族の経典の翻訳と注釈を著していますし、ナシ族出身の著名な歴史学者である方国瑜《ファングォユー》も、後に『納西象形文字譜』というタイトルで出版される字典の原著を著しています。これは字書的な部分を主としますが、文字の構造に関する考察なども含まれています。

中華人民共和国成立以降の中国大陸では、まず、1954年から麗江県文化館と呼ばれる組織において、博識なトンバを招いて経典の翻訳作業が行われました。この成果として、合計22冊の謄写《とうしゃ》版刷りの経典の翻訳があります。しかし、その後訪れる文化大革命の時期（1966～1976）には、古いものを徹底的に破壊しようとする社会風潮の中で、トンバとその文化

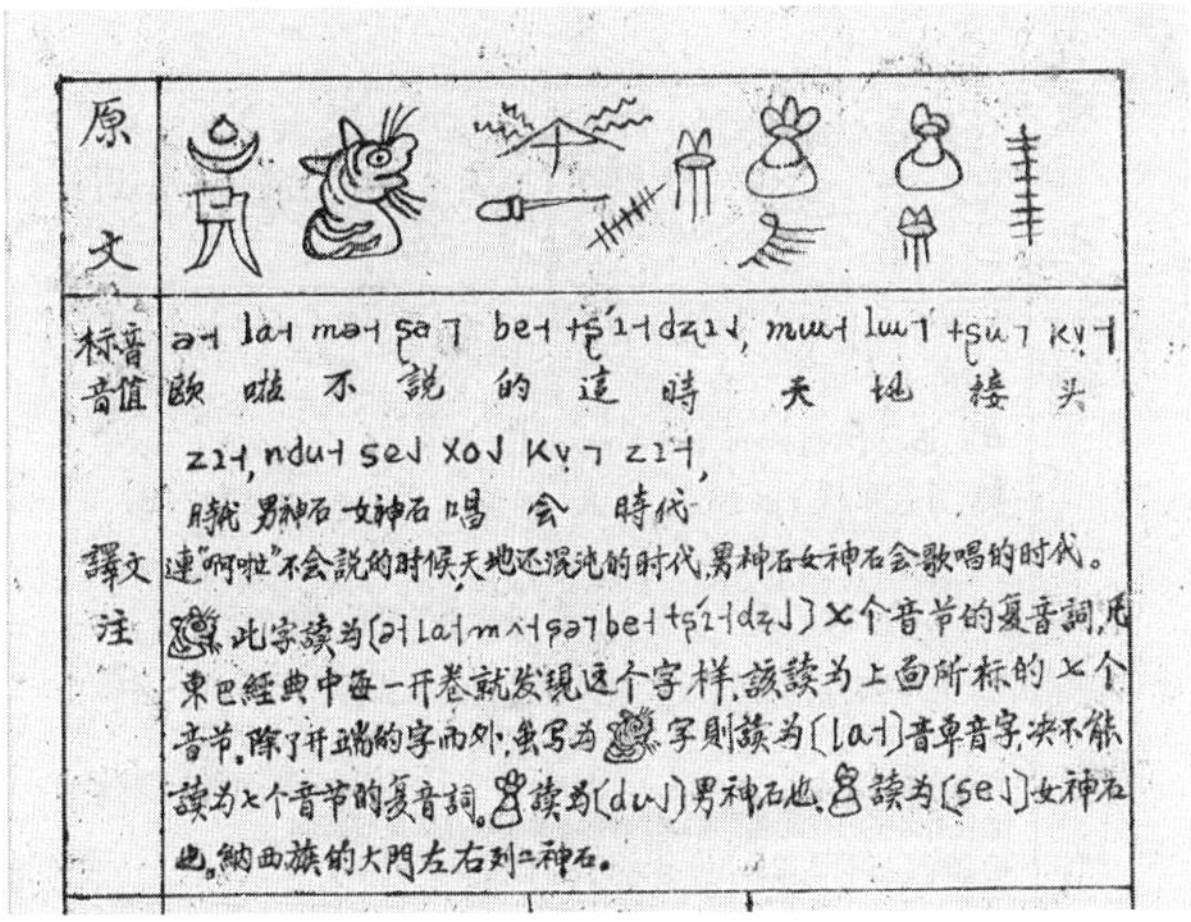

原文	
标音 音值	ə˧ la˧ mə˧ ʂə˥ be˧ tʂʅ˨˧dzə˨˩, mɯ˧ lɯ˥ tʂu˥ ky˧ 欧 啦 不 説 的 這 時 天 地 接 头 zɿ˨˧, ndu˧ se˩ xo˩ ky˥ zɿ˨˧, 時就 男神石 女神石 唱 会 時代
譯文	連"啊啦"不会説的时候天地还混沌的时代，男神石女神石会歌唱的时代。
注	此字读为[ə˧ la˧ mə˧ ʂə˥ be˧ tʂʅ˨˧dzə˨˩]七个音节的复音詞，凡東巴經典中每一开卷就发現这个字样，該读为上面所标的七个音节。除了开端的字而外，或写为字則读为[la˧]音单音字，决不能读为七个音节的复音詞。读为[du˩]男神石也。读为[se˩]女神石也。納西族的大門左右列二神石。

麗江県文化館による『ツォバトゥ』。（和芳・周汝誠一九六三）

は弾圧され、多くの経典が焼かれたと言われています。当然ながら、トンバやその文字についての研究活動も完全に停止してしまいます。

その後、ナシ族の経典の研究が再開されるのは、文化大革命が収束して以降のことになります。1981年、麗江に雲南省社会科学院の下部組織として東巴文化研究室が開設され、農村から博識なトンバを招いて、経典の翻訳作業が再開されました。その後、同研究室は、研究所、研究院へと昇格し、地道な研究が続けられてきました。この成果として、1986年から3巻のシリーズで公刊された経典の翻訳・注釈がある他、謄写版刷りの経典の翻訳も数多くあります。そして、1999年と2000年には、これらの成果を集大成した、全100巻にのぼる『納西東巴古籍訳注全集』が公刊されました。この『全集』には、経典の冊数にして合計897冊が収められています。

これまでに公刊されたナシ族の経典の翻訳・注釈のうち、特にナシ語の読音の記述が含まれているものを、経典の冊数から比較してみると、ロックのものは短いものを含めてもおよそ135冊、李霖燦によるものは合計9冊、麗江県文化館によるものは合計22冊、1986年からの3巻シリーズが合計14冊ですから、これらに比べて、この『全集』に収められている経典の冊数が、いかに膨大なものであるかが分かります。

以上のようなナシ族の経典に対する研究の中で行われてきたのは、まず、第一に経典の読音の記録と、その解釈、および翻訳でした。『全集』は、

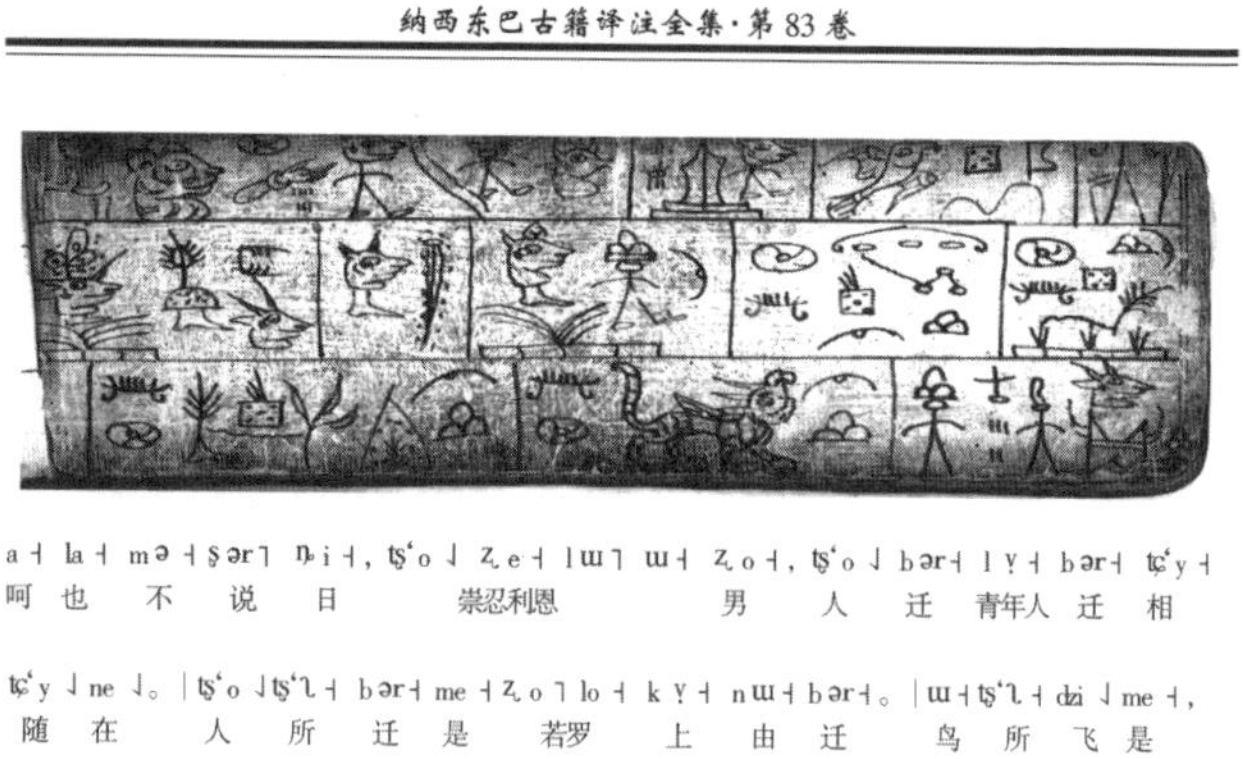

纳西东巴古籍译注全集·第 83 卷

a ˧ la ˧ mə ˧ ʂər ˥ ɳi ˧ , tʂʻo ˩ ʐe ˧ lɯ ˥ ɯ ˧ ʐo ˧ , tʂʻo ˩ bər ˧ lɣ ˧ bər ˧ tɕʻy ˧
呵 也 不 说 日 崇忍利恩 男 人 迁 青年人 迁 相

tɕʻy ˩ ne ˩。| tʂʻo ˩ tʂʻʅ ˧ bər ˧ me ˧ ʐo ˥ lo ˧ kɣ ˧ nɯ ˧ bər ˧。| ɯ ˧ tʂʻʅ ˧ dzi ˩ me ˧ ,
随 在 人 所 迁 是 若罗 上 由 迁 鸟 所 飞 是

『納西東巴古籍訳注全集』に収められた『ルバルザ』の一頁。

そうした地道な努力の集大成と言えます。そして一部の研究者は、経典の文字の字典を作成し、また、個別に文字について研究を行ってきました。1988 年には、トンバ文字と漢字との比較を軸とした、『漢古文字与納西東巴文字比較研究』（王元鹿著）が出版されました。この他にも、中国の学者によって発表されたナシ族の文字に関する論文は相当な数に上ります。ごく最近の研究としては、計量的な手法などを取り入れた『納西東巴文研究叢稿』、『納西東巴文研究叢稿（第二輯）』（ともに喩遂生著）が出版されており、また、若い世代による博士論文や修士論文も多く書かれ、その一部が出版されています。

○経典の成立年代とトンバ教の源流

ナシ族の宗教経典はいつごろ成立したものなのでしょうか。それについて、最も確実な手がかりとなり得るのは、書かれた年代が記されている経典の存在です。李霖燦は、1956 年にアメリカの議会図書館に所蔵されているナシ族の経典を調べ、その結果を論文にまとめていますが、それによれば、年代が書かれている経典の数は非常に少なく、同図書館所蔵の 3038 冊のうちの 61 冊だけで、年代が書かれること自体が非常にまれであることが分かります。

その 61 冊の中で、年代が確認できる最も古い経典は、1668 年、中国の

李霖燦が1668年のものと考えた経典。李霖燦 1958, plate Ⅳより。

年号で言えば清朝の康熙7年のものであるということです。李霖燦が根拠としてあげているのは、この経典に書かれたトンバ文字の年号であり、その中の2つの文字、「」(ka《カ》と shee《シ》、意味は「苦い」と「肉」)が、「康熙《カンシー》」の発音に当てたものであると解釈しています。さらに、それが康熙年間の何年であるかということについては、すぐ下の行にあるトンバ文字が「六月二十二日、土牛の日に書いた」と解釈できることから、6月22日が「己丑(つちのとうし)」になる康熙7年がその年であると結論づけました(李霖燦 1958, pp.146-147)。しかし、これはあくまで1つの解釈であり、異説を唱える学者もいます。

一方、ロックも年号と日付がある古い経典について述べており、それは1573年9月17日(明・万暦元年の8月14日)のものであるとしています(Rock1963a, p.44)。しかしこれに対しても、それは1752年か1753年のことであるという異説を唱える学者がいます。また、近年、西欧の図書館に現存する経典の表紙を比較する方法によって、これらの経典のほとんどが19世紀の後半に書かれたものであるとする研究もあります(Jackson and Pan1998, pp.246-247)。もちろんそれだけでは古い時代の経典の存在を完全に否定することにはなりませんが、もしそれが正しいとすれば、多くのトンバ経典の歴史はかなり新しいことになります。

ところで、宗教としてのトンバ教はいつどのようにして生まれたのでしょうか。その起源についても、ほとんどよく分かっていないというのが実際のところです。これまでに行われた研究でも様々な説が提出されてい

麗江のチベット仏教寺院、文峰寺。（一九九八年二月）

ますが、その中で特に重視されているのはチベットの原始宗教であるポン教との関係であり、トンバ教の起源そのものが、ポン教にさかのぼるとする考え方もあります。しかし、トンバ文字によって書かれた経典はポン教には見られません。また、トンバ教には土着の原始的な信仰や、一般にラマ教と呼ばれるチベット仏教、さらに中国の仏教や道教との関連も認められていますし、イ族の宗教や経典との類似点も指摘されています。このような点から見ると、トンバ教は、どちらかと言えば周囲の様々な信仰や宗教を吸収して成立したという見方が妥当なようです。

○トンバ経典を「読む」

前にも述べたように、トンバ文字で書かれた経典は、文字と言語の対応がしっかりと決まっておらず、また、場所によっては文字の順序すらランダムであることから、内容をしっかりと記憶しているトンバにしか正しく読むことができません。従って、我々がトンバ経典を「読む」と言っても、それは文字そのものを読むのではなく、トンバによるナシ語の朗誦を記述したものを読むしかありません。記述されたナシ語のテクストと、研究者によって作られたその翻訳を参照し、そこから逆にトンバ文字の使われ方を確認してゆくというのが現実にできる読み方です。もっとも、ナシ族の話すナシ語を学んだ上で、記述されたナシ語を細かく検討することで、よ

『ツォバトゥ』の表紙。縦に描かれている。李霖燦・和才『麼些経典譯註九種』、25頁より。

り正しいテクストの意味に近づくことは可能ですし、トンバ文字の使われ方も理解しやすくなります。

ここでは、このようなトンバ経典の「読み」の実際を、ナシ族の経典の中で最も重要なものの1つである『ツォバトゥ（Coq bber tv）』の冒頭を用いてご説明します。『ツォバトゥ』は、ナシ族の儀礼の中でも特に重要とされるムピュ（祭天）の儀礼で用いられるもので、ナシ族がどこから来たのかを物語る神話が含まれています。タイトルの「ツォ（coq）」は「人」、「バ（bber）」は「移動する」、「トゥ（tv）」は「出る、出所」を意味します。つまり「人の来た由来」というのがこの経典の内容です。『ツォバトゥ』には、すでに公刊された12種のテクストがありますが、以下ではその中の1つ、李霖燦によって記録・翻訳がなされたテクストを例にして、その冒頭を見てみましょう。

李霖燦のテクストでは、まず始めにトンバ経典の写しが掲げられ、続いて国際音声記号を用いたナシ語の読音と、単語ごとの逐語訳が示され、最後に1文ごとの漢語訳が記されています。また、ナシ語の読音の上には、どのトンバ文字がどの読みに当たるのかが分かるように、対応するトンバ文字が書き入れてあります。次頁に示したのが、李霖燦の示すこの経典の1頁目です。

この1段目（上段）、4コマのナシ語の記述は、それをナシ族文字方案に書き直して、それぞれの単語の逐語訳と、文ごとの訳をつければ、以下のようになります。なお、ここでは李霖燦のテクストでの方言的な音声については標準的なものに置き換え、解釈の一部にも分かりやすくするため

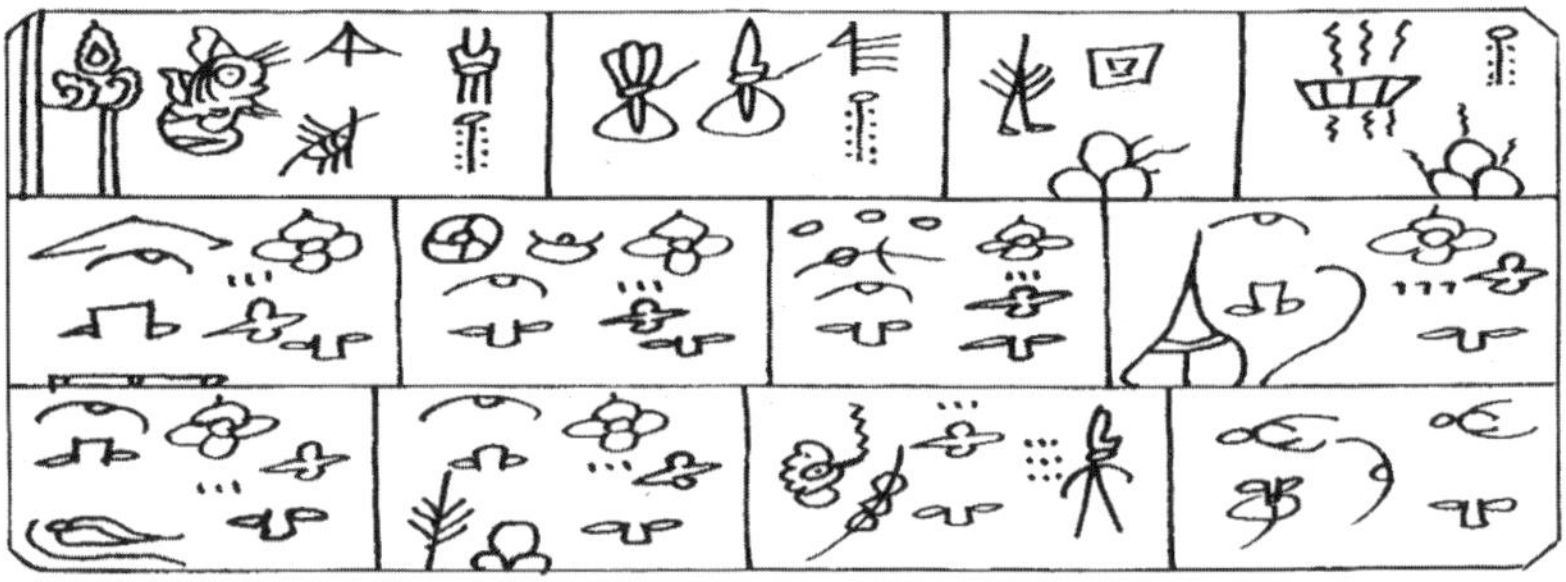

李霖燦による『ツォバトゥ』の冒頭ページ。李霖燦・和才『麼些経典譯註九種』、26頁より。

に手を加えてあります。

E la me sherl ni,　　むかしむかし
むかしむかし

Mee leel zhul gvl rheeq,　　天地が混沌としている時
天　地　接する　～できる　時

Lo Seiq hoq gvl rheeq,　　陽神と陰神が唱和できる時
陽神　陰神　唱和する　～できる　時

Ser zzeeq jji gvl rheeq,　　木が生えて歩くことができる時
木　生える　歩く　～できる　時

Lv ggee dal gvl rheeq,　　石が割れて話すことができる時
石　割れる　話す　～できる　時

Ddiuq ddeeq zheel lv niolnio tv tee rheeq.
地　大きい　土　石　揺れ動く　出る　その　時

大地と土石が揺れ動くのが出たその時

次に、どのトンバ文字が、ナシ語のどの部分の読みに当たるのかを見てみます。まず、トンバ文字のテクストの冒頭、最初に見られるのは、2本の縦線と経典の始まりを示す記号です。この記号はテクストによって様々に変形していますが、いずれもチベット語の経典から借用された書式です。ナシ語の第1句目、「むかしむかし」の部分に見られるのは、「虎」の文字です。これはナシ語で「虎」を意味する語であるlaの発音を用いて、

1コマ目の文字と発音、原義とテクストにおける意味

文字	発音	原義	テクストにおける意味
	la	虎	むかしむかし
	mee	天	天
	leel	牛の寄生虫	地
	gv	ニンニク	～できる
	rheeq	時	時

「むかしむかし」を意味するe la me sherl niの第2音節にあるlaを表記した当て字です。このように、ある単語を書き表すために、同じ発音の別の文字を借りてくる方法はトンバ文字ではしばしば見られ、漢字におけるほぼ同じ方法を指す呼び名の「仮借字」、もしくは、音を借りるという意味で「借音字」などと呼ばれています。

ナシ語の第2句目、「天地が混沌としている時」の部分で最初に見られるのは、傘のような形をした「天」の文字です。これは見ただけではっきりと意味が分かる象形文字と言えるでしょう。「天」の文字の下にあるのは、本来、「牛の寄生虫（leel）」を表す文字ですが、ここでは発音の近似する「地（lee）」を表しています。このように、借音字はトンバ文字のテクストの中では頻出します。特にこの文字のような場合には、ナシ語の発音が分からないと、全く意味が分からないことになってしまいます。ちなみに、李霖燦はこれを「牛につく寄生虫」としていますが、ハエのウジなどもほぼ同じ発音なので、およそそのような虫の類を指す言葉なのだと思われます。

虫の右上、王冠のような形をした文字は、「ニンニク」です。これも借音字であり、その発音gvとほぼ同音の、「～できる（gvl）」を表記するものです。ちなみに、この部分の「天地が接することができる」状態とは、たとえば日本神話の天地創造に見られるような「天地がいまだ分けられていない」状態であり、すなわち「混沌とした」状態ということになります。

2コマ目の文字と発音、原義とテクストにおける意味

文字	発音	原義	テクストにおける意味
	Loq	陽神	陽神
	Seiq	陰神	陰神
	hoq	肋骨	唱和する
	rheeq	時	時

「ニンニク」の下には、「時」を表す文字が記されています。この文字の字源としては、水時計を表した文字といった説がありますが、はっきりとはしていません。ただし、「時」を書く時にはよく用いられるので、何らかの形を記した象形文字と思われます。この文字までが経典の1コマで、1本の縦線によって区切られています。この1コマが、ナシ語の読音の第1句目と第2句目に相当することになります。ただし、以上のうち、ナシ語の読音の中の「接する」に相当する文字は書かれていません。こうしたところからもうかがえるように、トンバ経典では、文字と言語の対応は不完全なのです。

2コマ目、すなわちナシ語の読音の第3句目に相当する部分には、「陽神」と「陰神」が登場します。これはナシ語で「ロ（Loq）またはドゥ（Dduq）」、「セ（Seiq）」と発音される2神で、それぞれ男性神と女性神であるとされます。この「陽神」と「陰神」の文字では、口から線が伸びています。口から出ている線は言葉や歌などを表すもので、ここでは「陽神」と「陰神」の「唱和」を示していると考えられます。

この2つの神の右に書かれている文字は、本来、「肋骨」を表す象形文字ですが、やはりこれも、その発音 hoq を用いた借音字であり、李霖燦の解釈では「唱和する（hoq）」を示しています。そして、1コマ目と同様に「…の時」を表す「時」の文字があります。また、ここでは「～できる」の gvl は書かれていません。

続く3コマ目には、足が生えた木の文字があります。この文字は、「木が生えて歩くことができる」という句を、木の象形文字と足の象形文字

3 コマ目の文字と発音、原義とテクストにおける意味

文字	発音	原義	テクストにおける意味
	ser、jji	木、歩く	木、歩く
	dal	箱	話す
	lv、dal	石、話す	石、話す

を組み合わせて表現したものです。同様に、「石が割れて話をすることができる」という句を、石に口があって声を出している文字で表現しています。このように、2つの概念を1つの文字に結合して表現することもよく行われ、文字を分節しにくいものにしています。その上にあるのは、本来、「箱（dal）」を意味する象形文字で、ここでは同音の「話す（dal）」を表記する借音字となっています。ただし、この dal（話す）という言葉は、現在のナシ語ではほとんど用いられず、研究者は「古語」であると考えています。ところで、ここでの「話す」という意味は、石の文字にも含まれていると言えるので、文字が重複しているように思われます。また、「～できる」の gvl や「時」を表す文字は書かれていません。

上段最後の4コマ目に見られる、3本の縦線がある逆さにした台形の文字は、「大地」を意味します。上下に波線が出ているのは、揺れ動いている様を表現しています。右下の文字は岩であり、やはり波線で岩が揺れ動く様を表しています。そして最後に、「…の時」を意味する、すでに2回登場した「時」を表す文字がここでも書かれています。しかし、「大きい（ddeeq）」、「出る（tv）」、「その（tee）」を表す文字は書かれていません。

以上に見たように、トンバ経典に書かれたトンバ文字には、一見してはっきりと意味が分かる象形文字と、ある語を発音が同じ他の文字を利用して表記する借音字があります。借音字は、その多くは抽象的な概念など、象形文字では表現しにくいものに使われるようですが、例えば1コマ目の「牛の寄生虫」のように、必ずしもそうとは言い切れない例もあります。また、ある語は書かれずに、逆に、一部は重複して書かれるといったことも頻出します。この点でも、言語と文字の対応が安定していません。

4コマ目の文字と発音、原義とテクストにおける意味

文字	発音	原義	テクストにおける意味
	ddiuq、niolnio	地、揺れる	地、揺れる
	lv、niolnio	岩、揺れる	岩、揺れる
	rheeq	時	時

○トンバ経典の難解性

トンバ教では、他のメジャーな宗教の活動に見られるような、経典を集成したり、テクストの検討を行ってその記述を統一しようとするような動きは見られませんでした。それぞれのトンバが、師匠から教えられたものを、それぞれ経典に記していきました。そのため、同じ内容が書かれた経典でも、それが書かれた地域や書き手、あるいは書かれた時代によって、それぞれの経典の記述や読み方には、微妙な違いが見られることが普通です。さらに、哲学的で難解な内容になると、その解釈が大きく異なったり、場合によっては、意味が全く逆になってしまうようなことも見られます。

多年にわたりトンバ経典の記述や解釈を行ってきた、麗江の東巴文化研究院（旧・研究所）の研究者によれば、この組織の主要な任務である経典の記述と解釈においては、たった1つの単語をめぐって、トンバや研究者たちの間で延々と議論が交わされることも珍しくなかったということです。つまり、ナシ語のネイティブ・スピーカーで、しかも経典の研究を専門とする人々の間ですら、その解釈には難しい部分があるということです。もっとも、全ての単語や文が極めて難解かといえばそうでもなく、現在のナシ語の知識で容易に解釈できる部分もあります。難解な部分は、主として、哲学的で抽象的な部分や、一般人はよく知らない儀礼に関わる部分、あるいは意味の取り違えが起こりやすい部分などに多く見られるようです。

ここでは、同一の経典の複数のテクストの間に見いだせる相違について、『ツォバトゥ』の冒頭の一節を使ってご説明します。この経典には、すでに述べたように12種の公刊されたテクストがあり、それぞれを相互に比較することができます。

雲南省社会科学院東巴文化研究院。（二〇〇七年八月）

以下は、「むかしむかし、天地がまだ混沌としていた時」という神話の出だしに続く1句です。12種のうち、同一のものを省く11種のナシ語の読音と解釈を、並列させて比較してみます[8]。ナシ語の原文の下には、単語の逐語訳を示し、右側にはそれぞれの研究者による解釈を示しておきます（一部に筆者による補足を含みます）。

(1)

Lo	Seiq	hoq	gvl	ssee
陽神	陰神	混じる	～できる	(助詞)

（陽神と陰神は分かれていなかった）

(2)

Lo	Seiq	hoq	gvl	rheeq
陽神	陰神	唱和する	～できる	時

（陽神と陰神が唱和できる時）

(3)

Ddu	Seiq	hoq	gvl	ssee
男神石	女神石	歌う	～できる	時 代

（男神石と女神石が歌える時代）

(4)

Ddu	Seiq	hoq	gvl	ssee
ドゥ神	セ 神	設える	～できる	時代

（ドゥ神とセ神が（万物を）設えている時）

(5) Lu Sei heiq gvl ssee
ル セ 追う ～できる 時代

（ル神とセ神が万物を連れてさまよっている時）

(6) Ddu Seiq hoq gvl ssee sherq tv
ドゥ神 セ神 語り歌う ～できる 時代 長い 到る

（長寿のドゥ神とセ神が語り歌うのが現れた時）

(7) Ddu Seiq hoq gvl ssee
ドゥ神 セ神 手配する ～できる 時代

（ドゥ神とセ神が万物を手配している時）

(8) Lu Seiq hoq gvl ssee
ル セ神 追う ～できる 時代

（ル神とセ神が（万物を連れて）さまよっている時）

(9) Ddu Seiq hoq gvl ssee
ドゥ神 セ神 追う ～できる 時代

（ドゥ神とセ神が（万物を連れて）さまよっている時）

(10) Lu Seiq hoq gvl ssee
ル神 セ神 追う ～できる 時代

（陰神と陽神が互いに追いかけている時）

(11) Ddu Seiq hoq gvl ssee sherq tv
ドゥ神 セ神 歌う ～できる 時代 長い 到る

（長寿のドゥ神石とセ神石が歌うのが現れた時）

まず、以上の部分のテクストでは、神の名前のナシ語の表記に違いが見られますが、これはナシ語の方言の音声的な違いに起因するもので、同一の名前を示していると見て差し支えありません。また、これらを「陽神」・「陰神」と訳しているものと、神の名前そのものを記している違いもありますが、これらの神が「陽神」・「陰神」であることはほとんどのテクストで共通の認識となっているようです。

大きな解釈の相違が生じているのは、「hoq（もしくはheiq)」という語です。以上のテクストでは、①「混じる」、②「歌う」・「唱和する」、③「設える」・「手配する」、④「追う」、というように様々な解釈が見られます。おそらく①と②は、漢語の「和《ホー》」（合わせる）の借用語という考え方であろうと思います[9]。一方、③の解釈は、ナシ語の口語でも使われる「hohoq（準備する)」との関連を考えるものです。また、④の「追う」という解釈を行うテクストでは、その音声の記述がheiqとなっており、これはおそらく、hee（行く）+ seiq（完了）の縮約形であるheqとの関連を考えていると思われます。以上のように、ここでは大きく分ければ3つの解釈が行われているわけですが、これらのうちのいずれが正しいのかは実際には分かりません。

一方、この部分のトンバ文字を見ると、hoqはいずれの場合も、肋骨を表す文字を用い、ナシ語の「肋骨」の発音であるhoqを用いて、その音声を記しています。この文字の用法はよく見られるものなので、文字は変化せず、この文字が示す音声自体はほとんど変化することがなかったと思われます。総じて以上の例では、多くの場合、解釈者はテクストの発音を漢語起源の借用語も含めた現在のナシ語に引き付けて解釈しようとしていることが見て取れます。

このように、トンバ経典の言語の解釈には、ナシ語のネイティブ・スピーカーと言えども頭を悩ますような、複雑で難解な問題が含まれています。そのため、ナシ族出身の研究者の間でも、その解釈をめぐっては様々な意見の対立が存在します。麗江の東巴文化研究所が翻訳してきた、1999年と2000年に出版された『納西東巴古籍訳注全集』といえども、こうした問題を解決しているとは言えません。そのため、この『全集』にも、様々な記述と解釈の上での「誤り」があるということが、すでにナシ族の研究者から指摘されています。

○「骨組み」抽出の試み

文字と言語の対応がしっかりと決まっていないトンバ文字は、内容を記

東巴文化研究院。トンバが頭につける「五仏冠」をイメージしたゲート。（二〇〇八年九月）

憶しているトンバにしか正しく読むことができないことは、すでに述べた通りです。それでは、経典の文字は全く予測不能な形で書かれているのかと言えば、全てがそうであるとも限りません。例えば、同一の内容を記した多数のトンバ経典の文字を相互に対照させてみると、これらの文字の中には、ほとんど全ての経典に必ず書かれる文字と、一部の経典にしか書かれない文字とがあることに気づきます。

さらに、ほとんど全ての経典に必ず書かれる文字は、多くの場合、名詞や固有名詞を記した、一見して指し示すものがはっきりとしている象形文字であり、一方、一部の経典にしか書かれない文字は、発音が同一であることを利用して、他の象形文字を借用する当て字（借音字）であることが多いのです。ここでは、前者を「確定的」な文字、後者を「非確定的」な文字と呼ぶことにしてみます。もし、トンバ経典の文字の列から、「非確定的」な文字を取り除き、「確定的」な文字の列を抽出できれば、それは言わば経典の「骨組み」と言えるかもしれません。

以下に、この「骨組み」を取りだす試みをご紹介します。前節で見たナシ族の創世神話『ツォバトゥ』の11種のテクストのうち、文字テクストが他と同一の2種を除いた、9種のテクストのトンバ文字を比較すると、その文字には微妙なばらつきが見られます[10]。

(1)

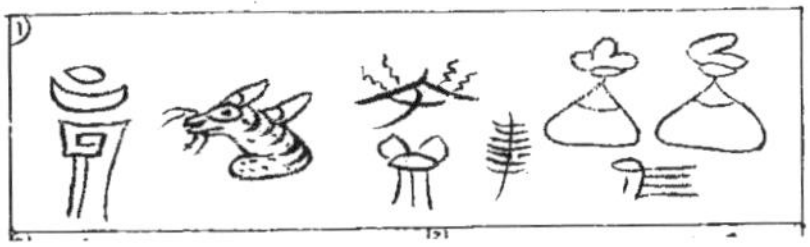

(2)

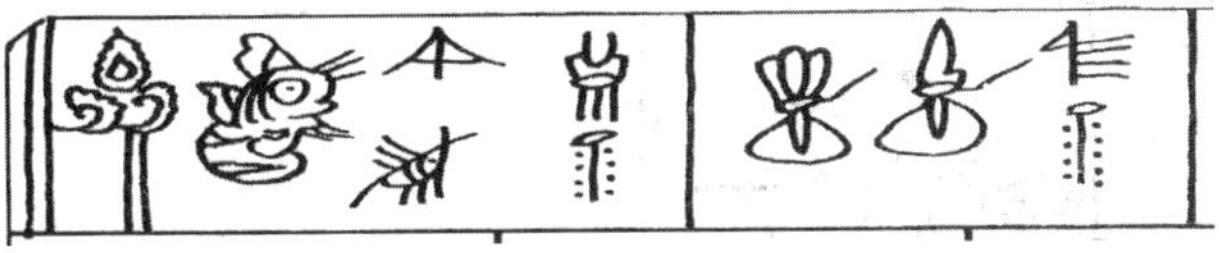

(3)

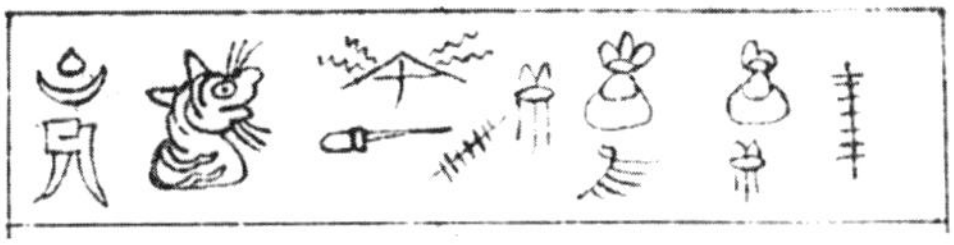

(4)

(5)

(6)

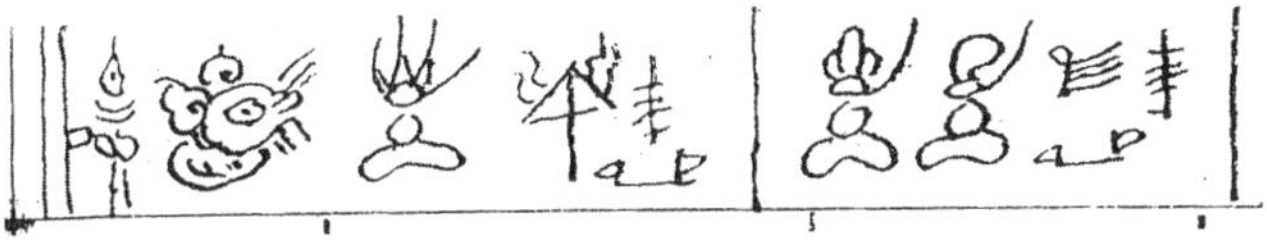

(7)

(10)

(11)

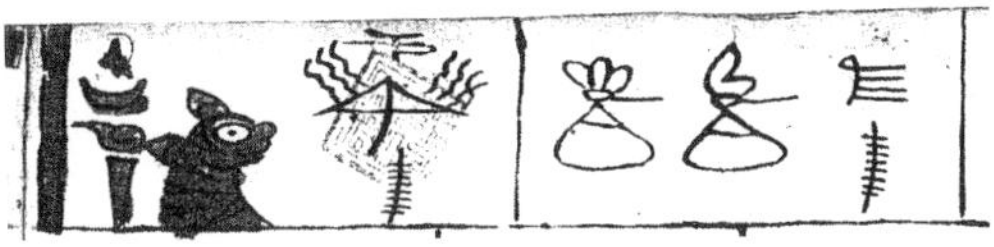

以下に、文字ごとの出現頻度を数値化してみます。まず最初が、縦線と経典の冒頭を示す記号です。2本の縦線については、(7)のように書かれているのかどうかはっきりしないものもありますが、ここでははっきりと書かれているもののみをカウントしておきます。以下では［　］の中に文字を一言で表す言葉を書き、続けてその出現回数を記します。トンバ文字には複数の書体があることもあるので、ここでは言葉で示します。また、借音字の場合はその発音をナシ族文字方案を用いて記します。(［縦線］：5、［冒頭記号］：9)。

次が、「むかしむかし」の部分に見られる虎の文字です（［虎 la］：9)。(4)のテクストでは、虎の前に口から言葉を意味する線が出たトンバを表す文字があり、(6)では虎の後にトンバを表す文字が見られます。ただしこの文字自体は読音には反映されていません。さらに(4)では、虎の上に言葉を発する口の文字があり、これ自体はaと読んで「むかしむかし」の第一音節を表しています。(［朗誦するトンバ］：2、［発話する口］：1)。

続く「天」の文字には、震えを意味すると思われる複数の線が上に伸びたものと、それがないものとがあります。ここではこれを「天」と「震え」の2つに分けてカウントしておきます。(［天］：9、［震え］：5)。多くのテクストのナシ語の読音では、この部分は天と地がセットのものとして語られますが、不思議にも「地」を表す文字は書かれることが少なく、書かれる場合には、しばしば「牛の寄生虫 leel」が書かれます(［牛の寄生虫 leel］：3)。また、(4)のテクストでその真下に書かれている「水鳥 zhvl」と、(3)のテクストで天の下に書かれている「錐 zhul」は、それぞれその発音で「(天と地が) 接する zhul」の発音を表記したものです（［水鳥 zhvl］：1、［錐 zhul］：1)。(7)のテクストで、天の文字の下にある「サイコロ shvq」も、発音には開きがありますが、やはり「接する zhul」の発音を表記したものと思われます（［サイコロ shvq］：1)。

「ニンニク gv」の文字は、「～できる」という意味の助動詞 gvl を記します（［ニンニク gv］：5)。ナシ語の第2句目の最後に相当する部分には、(1)、(3)、(4)、(6)、(7)、(11)では「草 ssee」の文字があり、これは同音の「時代」・「長寿」を表記したものと解釈されます（［草 ssee］：6)。一方、(2)、(5)、(10)では「時」を表す文字が記されています（［時］：3)。また、

(6)のテクストでは、草の文字の下に「桶 tv」の文字があり、これは同音の「出現する」という語を表記したものです。([桶 tvq]：1)。

ナシ語の第3句目に相当する部分には、全てのテクストに「陽神」と「陰神」が登場します。口から出ている線は「陽神」と「陰神」の「唱和」を示していると考えられるので、ここではこれも分割してカウントします([陽神]：9、[陰神]：9、[言葉・唱和]：4)。次が「肋骨」を表す文字ですが、前節にも述べたように、その解釈としては「混じる」「唱和する」「設える」「手配する」「追う」というように、テクストによってかなりのばらつきがあります。しかし、どの意味を表しているとしても、これが肋骨そのものではなく、その発音 hoq を用いた仮借字であることには疑いがありません([肋骨 hoq]：9)。そして、この句の最後には、再び「草 ssee」や「時」の文字が繰り返されています。なお、(1)ではここまでが1つの枠にあるので、もう一度先の「草 ssee」に戻って読んでいるという解釈もできますが、ここでは文字としての出現回数を重視し、重複して数えることはしません([草 ssee]：5、[時]：3)。また、(6)では前の句と同様に「桶」の文字が見られます([桶 tvq]：1)。

以上でカウントした文字を、その出現回数により、ほとんどの経典に出現する「確定的」な文字と、必ずしも多くは出現しない「非確定的」な文字に区分してみます。ここでは、その目安として、7回以上出現した文字を「確定的」と考えて左に示し、それに満たない文字は「非確定的」な文字と考えて右に示します。対応するナシ語の読音(ここでは李霖燦による訳)ごとに示せば以下のようになります。

読音(訳)：「むかしむかし」

《確定的》	《非確定的》
[冒頭記号]：9	[縦線]：5
[虎 la]：9	[朗誦するトンバ]：2
	[発話]：1

読音(訳)：「天地が混沌としていた時」

《確定的》	《非確定的》
[天]：9	[震え]：5

	[牛の寄生虫 leel]：3 [水鳥 zhvl]：1 [錐 zhul]：1 [サイコロ shvq]：1 [ニンニク gv]：5 [草 ssee]：6 [時]：3 [桶 tvq]：1

読音（訳）：「陽神と陰神が唱和できる時」

《確定的》	《非確定的》
[陽神]：9 [陰神]：9 [肋骨 hoq]：9	[言葉・唱和]：4 [草 ssee]：5 [時]：3 [桶 tvq]：1

以上のように、ここでは、[冒頭記号][虎 la][天][陽神][陰神][肋骨 hoq]の文字がいずれも9回出現しており、極めて確定性の高い文字であることが分かります。また、これらの文字のうち、[天][陽神][陰神]は一見して分かりやすい象形文字です。[虎 la]と[肋骨 hoq]は発音を表す文字ですが、[虎 la]は、経典の冒頭の「むかしむかし」を一言で表す慣用的な文字の側面も強いと言えます。一方、非確定的な文字には、例外もありますが、全体的な傾向としては借音字が多くなっていると言えるでしょう。こうして抽出した「確定的」な文字の列は、言わば経典の「骨組み」と言えるかもしれません。

筆者がかつてナシ族の居住地で生活していた時、ある若いナシ族の学者がトンバ経典を手に、「自分はトンバではないから全部読めるわけではないが、ずっと見ていると少し分かる所もある」と筆者に語ったことがあります。非常に熟練したトンバであれば、ナシ語の読音と文字の全てを詳細に記憶しているのでしょうが、そうではないごく普通のレベルのトンバや、あるいはこの若い学者のような場合には、重要な文字から先に記憶したり読んだりしているということも十分に考えられます。ここで抽出した文字

経典の筆写を行う和志本さん。シャングリラ県三壩郷にて。(一九九九年一一月)

は重要度が高いと考えられますから、この「骨組み」はトンバの脳内の記憶の見取り図と言えるかもしれません。

このような記憶のあり方から考えれば、「確定的」な文字に一見して分かりやすい象形文字が多いのもうなずけます。一方の借音字は、ナシ語の句の中のごく一部の語の発音を表記したものであり、句の中のどの語を表記するかで文字も異なってしまいます。そのためトンバにとっては覚えにくく、結果としてテクスト間の差異も大きくなると考えられます。それで確定性がより低くなるのです。

また、こうしたテクスト間の文字の相違は、トンバがある経典を筆写し、さらにそれを次の機会に筆写していった書承の過程に生まれた相違であるとも考えられます。元になる経典を手元に置き、それを見ながら筆写する場合もあるでしょうが、記憶だけを頼りに、何も見ずに筆記する場合もあり得ます。その場合、「確定的」な部分は記憶が確かなため変更することは少なく、一方、あまり「確定的」でない部分については、意識的にも無意識的にも変更してしまうことがあり得るでしょう。

ところで、トンバ文字とゴバ文字の違いについて、「トンバ文字は覚えやすいが、ゴバ文字は覚えにくい」ということを、あるナシ族の学者から聞いたことがあります。確かに、象形文字の性質をよく残すトンバ文字は、記憶の面では有利です。一方、ゴバ文字は音節文字ですから、文字のシス

和志本さんのノート。書かれているのは筆者の干支、名前、日本の住所。借音字が多く使われる。（一九九九年一〇月）

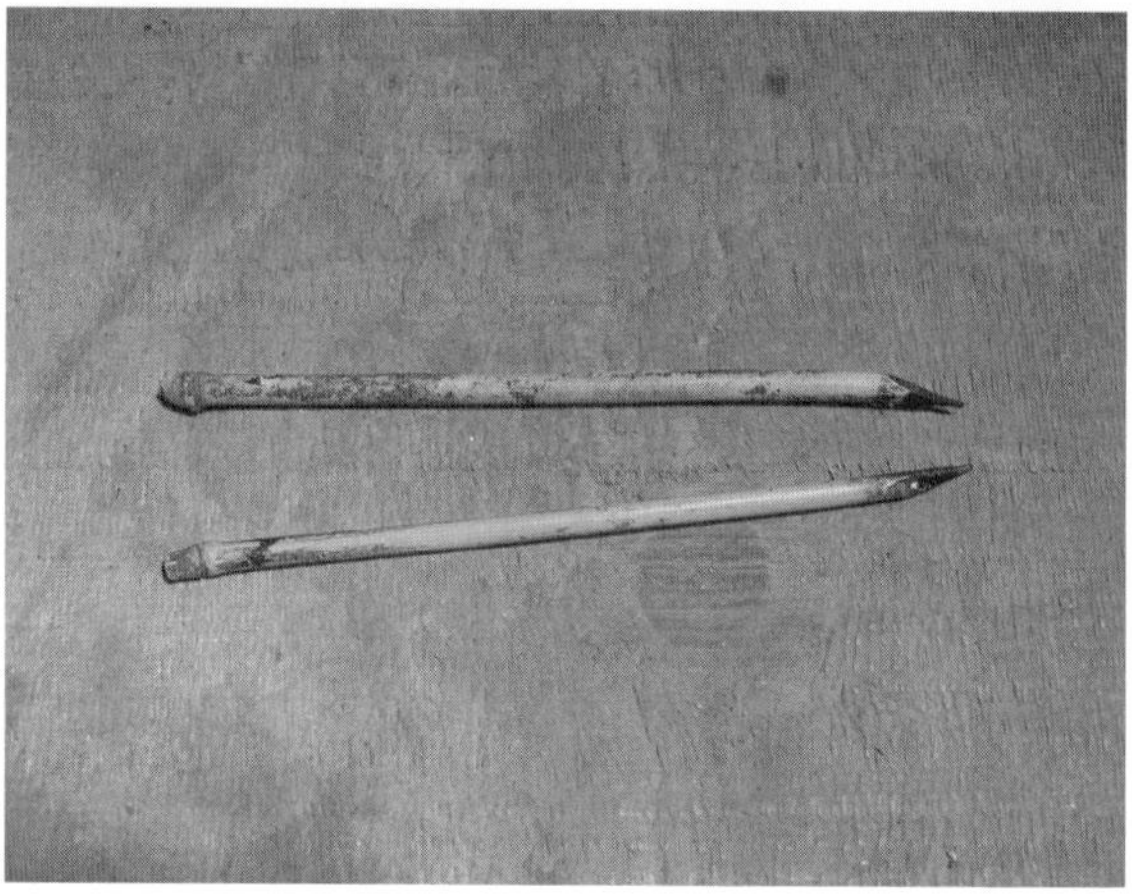

経典を書くのに用いる竹ペン。細い竹の先を斜めに削って作る。（二〇〇六年八月）

テムとして合理的になった半面、ほとんどの文字とそれが表す意味には関係がないので、覚えにくいはずです。これもゴバ文字が広まらなかった一因と言えるかも知れません。ナシ族の伝統的な文字を、記憶のしやすさという点から並べれば、象形のトンバ文字、借音のトンバ文字、ゴバ文字という順になるでしょう。

さて、以上に述べた分析方法は、あくまでまだ試みの段階に過ぎませんが、一見、文字としての合理性を欠くように見えるトンバ経典の文字のシステムを解明する、1つの手掛かりとなる可能性があります。ただし、

経典を書くシャングリラ県三壩郷のトンバ、習尚洪さん。（二〇〇六年八月）

ここでの「確定的」という意味は、あくまでも出現頻度の高さを示しているに過ぎず、それがその経典にとって絶対不可欠な文字というわけではありません。また、この方法が有効なのは、同一内容でしかも細部の異なる複数の経典が存在する場合であり、同一内容を記すものでも、文字テクストが根本的に異なる経典の場合には適用できないという問題もあります。

麗江旧市街のはずれから眺める夕暮れの玉龍雪山。（一九九六年一〇月）

『ルバルザ』の背景とテクスト —いまだ解かれない謎—

○ナシ族の情死

情死の経典、『ルバルザ』の生まれた背景には、かつてナシ族に見られた特異な情死の習俗があります。ここでは、ジョゼフ・ロックや、中国の研究者によってこれまでになされてきた研究を参考に、その全体像を紹介し、合わせて、『ルバルザ』のテクストについて解説します。

かつて、麗江は「世界一の自殺の都」（ピーター・グーラート 1958, p.155）と言われるほど自殺が多く、その多くが想いを遂げられない男女の情死で占められていました。ロックの記述によると、1930 年代当時、麗江のいくつかの地域ではほぼ毎日のようにハラリュクの儀礼が行われており、親戚に情死した者がいない人は、ほとんどいないほどであったと言います。

情死した者の数が多いことについては、何組かの男女が集団で命を絶つことが多かったことも、その一因と思われます。5～6 組の青年男女が一度に死ぬことはしばしばあり、甚だしい場合には、一度に 10 組もの男女が情死したという事例もあります。こうしたことから、かつてナシ族は「悲劇の民族」と言われることもありました。1949 年の中華人民共和国成

多くの男女が情死を遂げた玉龍雪山の森。（一九九八年五月）

立以降、情死の件数は減りましたが、それでも全く無くなったわけではなく、1960年代にも複数の情死があったということです。

○情死の方法

情死の方法として最もよく見られたのが首吊りで、トンバ経典でも首を吊っている象形文字がたくさん使われています。さらに、多くの男女が首を吊った「情死の木」と呼ばれるものが、各地にあったと言います。首吊り以外の方式では、崖から身を投げる投身と、川に跳び込む入水《じゅすい》があります。崖からの投身は、地形の複雑な当地では行いやすい方法であったのでしょう。男女は互いの体を縄できつく縛りつけ、一緒に崖から身を投げたそうです。また、入水は金沙江沿いの地域でよく見られ、足には大きな石をくくりつけることもあったと言います。この他、トリカブトを使った服毒も見られました。投身や入水に比べて遺体の損壊が少ないと考えて、服毒を選ぶ男女もいたようです。

情死することを決めた男女は、家族に知られないよう、秘密裏に準備を進めます。まず、情死を決行する日を決めますが、それは占いで決めることが多かったようです。占いは自分たちで行ったり、ナシ族の守護神と言われるサンドが祭られている白沙郷の北岳廟へ行き、様々な占いをしてもらって決めていたようです。

ナシ族の女性が身につける銀の腕輪。（二〇〇六年八月）

決行日が決まると、それに向けて必要なものを買い揃えます。衣服や装飾品を買い、互いに贈りあって愛情のしるしとします。『ルバルザ』の前半に登場する、銀の腕輪や耳環《みみわ》、櫛《くし》、ボタンなどの装飾品や、刀、口琴、葫蘆笙《ころしょう》などは、こうした習俗の反映と見られます。これらの品物は、家から持ち出して２人の他は誰も知らない所に隠します。

情死の当日、男女は新しい衣服で正装し、情死の場所へと向かいます。情死は新しい世界への旅立ちゆえ、みすぼらしい身なりでは行えません。情死の場所としては、玉龍雪山の中腹、3200m付近にある草地の雲杉坪《ユンサンピン》が最もよく知られていますが、家が遠くてそこまで行けないものは、玉龍雪山が良く見える山の頂を選んだといいます。このように、玉龍雪山は情死と密接に結びついた象徴的な山でした。情死の場所へ着くと、男女は木の枝と持参した美しい布や絹織物でテントを作ります。これは、「ユジ(yeqjjiq、ユの家)」と言って、情死する２人のためだけの家であり、まるで新郎新婦の寝室のようです。２人はこの「新居」で、口琴をならしたり、歌を歌ったりして、人生最後の時を楽しんで過ごし、持参した食料や酒がなくなると、あらかじめ決めておいた方法で、２人連れだって旅立つのです。

ナシ族の民謡と口琴は、情死する男女にとって欠かすことができないものでした。この種の民謡は「ゴチ（gguqqil)」と呼ばれる調子の歌で、主

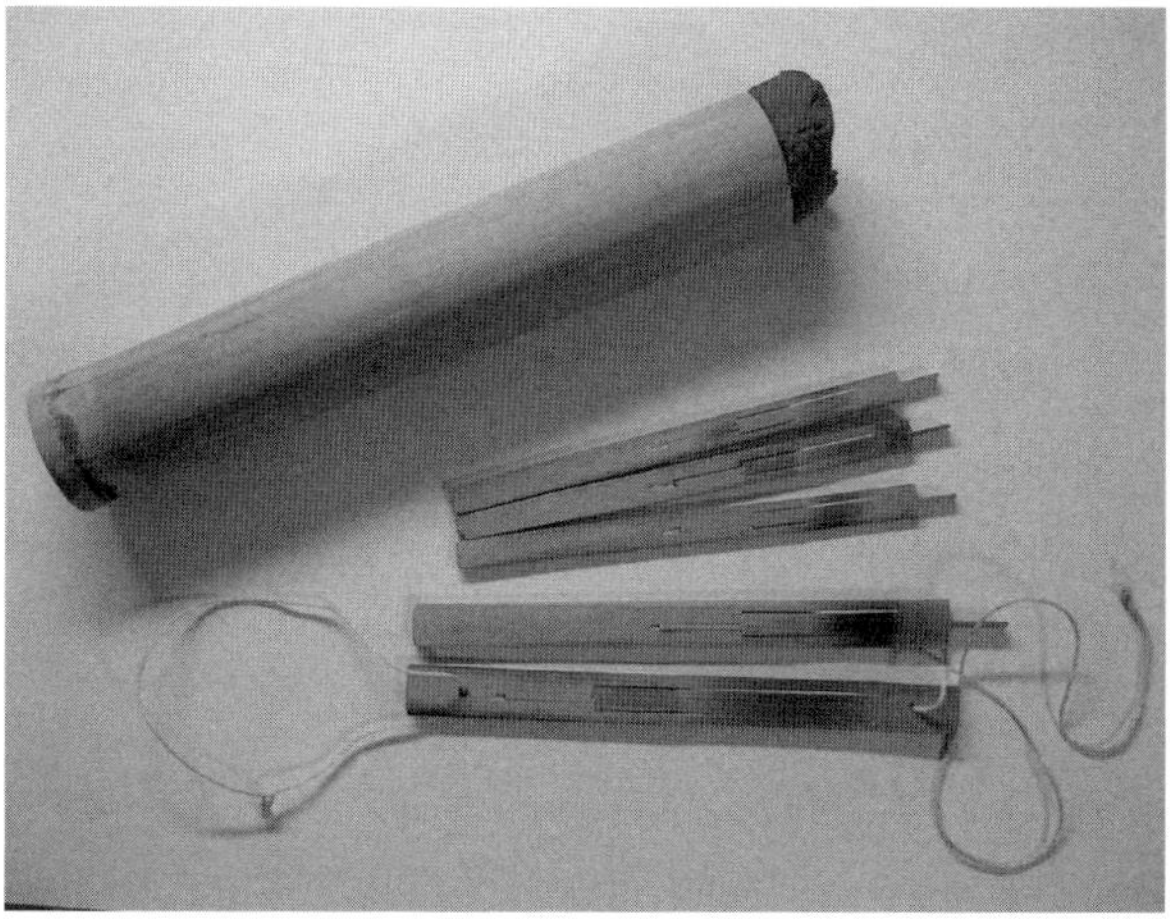

情死した男女が最後まで共に過ごしたクォクォ（口琴）。

に生活の苦しみなどを切々と歌うものでした。山の中で「ゴチ」を歌うと、たくさんの情死の霊が見えたり、急に情死をしたい衝動に駆られると言います。また口琴は、もともとは男女の愛の語らいに用いられ、愛のしるしとして贈り物にするものでした。そのため、男女の情死という究極の場面でも、やはり重要な役割を持っていたようです。ナシ族の口琴には、1本のものと3本組のものがありますが、音階のある3本組のものがよく好まれたようです。その演奏には、「蜜蜂の川渡り」、「やかんに滴《したた》る水」、「犬の鹿追い」など様々な調べがあり、さらに恋人たちの間では、口琴の振動に言葉をのせて相手に伝える「口琴ことば」も行われていたと言います（Rock1939, p.8）。

情死した男女が行く所は、正常な死に方をした人が行く祖先の故地ではなく、情死の霊が集まっている玉龍雪山の奥の「グルユツコ（Ngv'lv yeq chel goq、雪山のユの住む草原）」[11]、または、「ツェニジュカボ（Ceiq ni jjekeq bbuq、十二の峰間の谷）」です。この情死者の楽園は、玉龍雪山の奥深く3つ目の草地にあるとも言われることから、漢語では「玉龍第三国」と訳されてきました。この世とグルユツコの境界には大きな黒い石があり、情死した男女が「ユル（yeqlv、ユの石）」という石でこれを叩き、さらに名前をこの黒い石の左右に書くと、2人は晴れてグルユツコの住人となり、情死の霊のユズアズとカトゥスィクヮが迎えてくれて、その中に

グルユッコの入り口とされる玉龍雪山の雲杉坪。標高約三二〇〇メートル。（一九九七年一一月）

入れると言われています。そして、もう2度とこの世に戻ってくることはありません。

○諸説ある情死の原因

ナシ族の青年男女にこれほどまでに情死が広まった原因については、これまでにいくつかの説がありますが、いまだにはっきりとした結論が出ているわけではありません。ここでは、そのうちの有力な説について紹介します[12]。

まず、ロックをはじめとする学者によって、情死の最も大きな原因と考えられてきたのが、清代の改土帰流によって、ナシ族の中に漢民族式の婚姻制度が持ち込まれたことです。前にも述べたように、中央王朝の権力強化を目的として清代に行われた改土帰流は、ナシ族の中に様々な文化の変容をもたらしました。特に、婚姻制度については、もともとのナシ族の文化では大らかな自由な恋愛が基本であり、好きな者同士が結ばれるものだったとされます。そこに、改土帰流によって、本人たちの意思とは関わりなく、親など年長者の取り決めが絶対とされる漢民族式の婚姻制度（これを「包辦婚姻《パオパンフンイン》」といいます）が持ち込まれたため、若者たちは自分の思う相手と結ばれることができなくなり、やむなく、残された最後の手段である情死へと走った、というものです。

グルユッツコにたくさんあるという、羊が好むとされる「ユ」（二三頁・注一二二参照）。標高の高い土地の清流沿いに生える。シャングリラ県にて。（二〇〇六年八月）

親などによる婚姻の取り決めは、子供がまだ幼い時、甚だしくはまだ母親のお腹の中にいる時にすでに行われ、本人たちの意思を全く無視したものでした。一方で、若者に自由な恋愛の機会がなかった漢民族と異なり、ナシ族の場合には、もともと若者に自由な恋愛の伝統があり、それが漢民族式の婚姻制度が持ち込まれた後も続いていました。そのため、親などの決めた婚姻と、自分たちの意思による恋愛との間に衝突が生じ、多数の情死という最悪の結果を引き起こすことになったと言います。また、漢民族の文化に由来する貞操観念も持ち込まれ、ナシ族の中に浸透したため、私生児を生むことはひどい蔑視の対象となりました。そのため、愛する相手の子供を宿した時には、若者たちに残された手段は情死しかなかったと言います。

この説は、ナシ族の情死の原因について歴史的な背景から説明するもので、多くの情死が改土帰流以降に起こったと考えられることから、一定の説得力がありますが、疑問点がないわけではありません。というのも、清代の改土帰流は、ナシ族の地域だけでなく、他の多くの少数民族地域でも行われており、さらに、雲南など南方の民族の間には、やはりナシ族と同じように、もともと自由な恋愛に基づいた婚姻制度を持っていた民族が多くあります。ですから、同様の現象が起こる可能性は他の民族にもあったわけです。また逆に、若者の婚姻は比較的自由で、父母の関与は少ないと

雲杉坪の奥から望む玉龍雪山の絶壁。この奥のどこかに、ツェニジュカボがあるという。（一九九七年一一月）

される雲南省瀾滄県などのラフ族でも、近年まで情死が多発していることが報告されています（王軍 1984、陳艶萍 2005、周小燕 2008）[13]。

次に、玉龍雪山のどこかあると言われる情死者の楽園の信仰も、若者たちが情死していった原因の１つであると言われます。『ルバルザ』の中にも登場する「ツェニジュカボ」、あるいは「グルユツコ」は、情死した恋人たちだけが行くことができる楽園とされ、悲しみも苦しみも、老いも死もない、理想の世界です。『ルバルザ』の中でも、ここは柔らかい草が生え、木には金の蜜が実り、木の葉には金の水が滴《したた》り、赤鹿を馬の代わりにして乗ったり、鹿を牛の代わりにして耕したり、その乳を搾って飲んだりするような至上の楽園として描写されています（第 32 〜 33 葉）。多くの若者たちがこの楽園にあこがれ、自由にならないこの世の苦しみから逃れるために、情死する道を選んだと言われています。また、このような

雲杉坪で見かけた小羊。（一九九八年五月）

トンバ経典の美しい描写が、情死を考える若者の背中を後押ししたとも言われます。というのも、情死者を祭るハラリュクの儀礼は規模が大きく、それによってトンバが得られる収入もかなり大きかったという背景があるからです。

この他に、ナシ族に情死が多く発生した原因としては、勇敢で忠実な兵士を多く出したナシ族の、死を恐れない民族的な性格が一定の影響を与えているという説や、特に情死が多く発生した時期は、清朝末年以降の戦争が多発した時期に重なり、多くのナシ族の若者が徴兵されたことが、大量の情死の発生に影響しているという説があります。改土帰流以降、麗江では重点的に徴兵が行われ、近代の清仏戦争や、その後の日中戦争の時期にも、数多くのナシ族の若者が戦線に駆り出されました。

また、かつてナシ族には憑き物の信仰があり、それは「ドゥ（ddvq）」や「ツォプ（co pul）」と呼ばれるもので、これが憑いている者は、他の者を死なせたり、病気にしたりすると考えられていました。この「ドゥ」や「ツォプ」は女性にのみとり憑き、母から娘や嫁に伝わると考えられており、これが憑いていると言われた女性は、社会的にひどい差別を受けていました。男性が、こうした差別を受けている女性と交際することは、家族や親戚から激しく反対されました。このため、こうした女性と、彼女と愛し合うようになった男性が、共に情死した例もしばしば見られたということです。

不思議な木の伐り屑から腕輪や耳環を作る。『納西東巴古籍訳注（一）』、1986 年、28 頁より。

○『ルバルザ』ストーリーの解釈

『ルバルザ』のストーリーは、多くの若い男女が主人公である前半部分と、カメジュミチとズブユレパの２人が主人公である後半部分に分けられます。このうち、前半部分については、非常に隠喩的な言葉が多く、その意味するところは、細かい部分ではなかなか分かりにくいものがあります。これには、経典独特の言葉づかいや、複数の経典に見られるテクストの相違などが大きく影響していると思われます。

まず、たくさんの男女が移動しようとする部分は、一般的には、若者による集団の情死であるとの解釈が行われています。実際、ナシ族の情死には、複数のカップルが同時に命を絶つケースがかなり多く見られ、それが情死の規模を拡大させていたという事実もあります。そして、父や母は、この若者たちを留め、情死をやめさせようとしますが、若者たちは「花は一年に二度咲かない」（第４葉）と聞き入れません。そのために、親たちは、石の門や柵を作り、若者を閉じ込めようとするのです。

牧人が、逃げた羊を探しに行って見つけた不思議な木は、生命の木、もしくは世界樹のモチーフを思わせるものです。若者たちはこの木から出た伐りくずが変わった金や銀、トルコ石や黒水晶、法螺貝、蔓《つる》や竹から、様々なものを作ります。これらは情死の際に持って行く品々の反映と考えられます。特に、竹で作った横笛や口琴が奏でる音は物悲しく、若者たちが父母や家族に別れる時の心情を示唆しています。その後、若者たちは石の門や柵を開けて、情死の道へと歩みます。たくさんの情死した霊の名前

上段２コマ目、カラスに伝言を託すカメジュミチ。『納西東巴古籍訳注（一）』、1986年、81頁より。

とともに若者が下りてくるのは、若者が情死の霊の世界に踏み出したことを示していると思われます。その後、若者たちは川の流れに隔てられてしまいますが、本書でご紹介した経典では、船を作ったり川渡りの綱をかけたりして再会します。おそらくこの川は、この世と情死の霊の世界を隔てる境界の川であり、それは川を渡るロープの儀式【☞126頁】にも見てとれます。

一方、後半部分は、カメジュミチとズブユレパの物語であり、これまでに述べたナシ族の情死の習俗や、情死者の楽園の信仰をかなり忠実に反映しています。ただし、この部分の始めですでに２人は離ればなれになってしまっており、２人が一緒にいた時の様子は語られません。カメジュミチは、ズブユレパと別れて苦しみ、カラスに伝言を託します。しかし、ズブユレパの父母が返したその言葉は、非情な侮辱に満ちたものでした。カメジュミチは、再びカラスに伝言を託しますが、ズブレユパからは来られないという返事しかありませんでした。

絶望したカメジュミチは死ぬことを考えますが、なかなか実行することができません。苦しむカメジュミチに呼びかけるのは、他でもないたくさんの情死の霊でした。ユズアズとカトゥスィコヮは、情死の霊の住処であるツェニジュカボ（十二の峰間の谷）の美しさを教え、また、雲、風、草、蛇、鶴、郭公《かっこう》、シラキジ、鷹、虎、鹿、青羊《あおひつじ》、そして蝶や蟻までもが首を吊るのをカメジュミチに見せます。これを見て、カメジュミチはついに崖の桑の木で首を吊ります。後から遅れてきたズブユレパは、すでに息絶え

ズブレユパの首を絞めようとするカメジュミチ。『納西東巴古籍訳注全集 八三』、一九九九―二〇〇〇年、一八一頁より。

たカメジュミチを見つけ、慟哭します。そして、それからカメジュミチの霊との対話が続きます。

○異なる結末

『ルバルザ』のテクストを相互に比較すると、こまかな語句や文章の違いだけでなく、ストーリーの上での大きな相違を見ることができます。特に大きく異なるのは、一番最後の部分です。この部分のストーリーは、大きく２つに分かれます。１つはトンバ経典に見られるタイプで、カメジュミチだけが命を絶ち、ズブユレパは生き残ります。一方、トンバ経典ではない民間の伝承には、カメジュミチの後を追ってズブユレパが命を絶つタイプがあるとされ、それがより原型に近いものだとされています。

経典に見られる第一のタイプでは、ズブユレパが、カメジュミチとの約束を破って、カメジュミチの隠した宝物を取ろうとし、カメジュミチに呪《のろ》われます。体の具合が悪くなったズブユレパは、トンバの占いで原因を明らかにしてもらい、さらにトンバにカメジュミチの霊を済度してもらいます。こうしてカメジュミチの霊を鎮めることで、ズブユレパの病がようやく治ります。この部分は、これまでの研究者には、トンバがその権威を高めるために、元のストーリーを書き換えたのだと解釈されていますが、ある意味では、この方がより人間臭さの漂う話だとも思えます。さらにこれらの経典では、怒ったカメジュミチがロープでズブユレパの首を絞めようとしている生々しいトンバ文字が見られます。

トンバ経典ではない民間の伝承に見られる第二のタイプでは、ズブユレパがカメジュミチの遺体を燃やす火の中に跳び込んだり、カメジュミチと

TITLE PAGE (COVER) OF VOL. I

^{2}Lv-^{2}mbĕr ^{2}lv-^{1}zaw, ^{3}ssaw, ^{2}gkv-^{3}chung

ロックの訳した『ルバルザ・上巻』の表紙。"The Romance of K'a-mä-gyu-mi-gkyi", 1939, p.23.

同じように首を吊ったり、あるいは刀で命を絶ったりするテクストがあります。

○『ルバルザ』のテクスト

これまでに公刊されている『ルバルザ』のテクストには、ナシ語の原文が含まれているものと、漢語による翻訳だけのものとがあります。本書で重点的に参照したナシ語の原文があるテクストは以下の4種です。

(1) Joseph F. Rock, 1939, "The Romance of K'a-mä-gyu-mi-gkyi", *Bulletin de l'École Française d'Extrême-Orient,* 39.

(2) 楊樹興・和雲彩・和発源 1986「魯般魯饒」『納西東巴古籍訳注㈠』(雲南省少数民族古籍整理出版規劃辦公室) 雲南民族出版社。

(3) 和志武 1987a『魯搬魯饒』雲南民族出版社。

(4) 和即貴・和宝林 1999-2000b「大祭風・魯般魯饒」『納西東巴古籍訳注全集 83』(雲南省社会科学院東巴文化研究所編訳) 雲南人民出版社。

このうち、(1)のジョゼフ・ロックによるテクストは、経典のトンバ文字の写しと、ロックの考案した表記法によるナシ語の記述、およびその英訳、さらにトンバ文字の用法を中心とした解説が収められています。ただし、多くの若者たちが移動してくる『ルバルザ』の前半部分は含まれておらず、カメジュミチが機織りをするところから始まっています。

(2)のテクストは、1980年代に麗江の東巴文化研究所で記録・翻訳された経典を公刊したものです。2人のトンバ、楊樹興と和雲彩が朗誦し、

『納西東巴古籍訳注（一）』に収められたルバルザの表紙。

それを東巴文化研究所に所属する和発源が記録・翻訳したものです。ただ、複数のトンバによる朗誦であるため、その記述にはやや不統一な部分も見られます。テクストは、経典のトンバ文字の写しと、国際音声記号によるナシ語の記述とその漢語による逐語訳、および漢語による全訳で構成されています。本書では、このテクストに収められたトンバ経典のページを基準として訳文を区切り、番号を付してあります。

(3)のテクストは、言語を中心にナシ族の文化を研究した和志武によるもので、ナシ族文字方案だけの書籍として刊行されたものです。これは、ナシ族文字方案によるトンバ経典3冊シリーズの第2巻で、第1巻は『ツォバトゥ（Coq bber tv、創世紀）』、第3巻は『ドゥアスア（Dduq'aiq Svq'aiq、黒白争戦）』という経典です。『ツォバトゥ』はナシ族の創世神話であり、『ドゥアスア』は、古代のドゥ族とス族の戦争について記した物語です。これらは、ナシ族文字方案の普及という視点から、ナシ語の古典的な文学作品として重要なトンバ経典を取り上げたもので、いずれもナシ族文字方案のテクストのみで書かれており、経典のトンバ文字や漢語訳のテクストは含まれていません。

(4)のテクストは、1999年と2000年に、それまでの東巴文化研究所の研究成果の集大成として公刊された『納西東巴古籍訳注全集』に収められているものです。トンバの和即貴が朗誦し、同研究所に所属する研究者の和宝林が記録・翻訳したものです。テクストは、トンバ経典の写真、国際音

雲南省社会科学院東巴文化研究所によって訳された『ルバルザ』の表紙。『納西東巴古籍訳注全集 八三』、一九九九―二〇〇〇年、一〇七頁。

声記号によるナシ語の記述と、その漢語による逐語訳、および漢語による全訳で構成されています。

本書においては、以上のナシ語を含むテクストを全て参照して訳文を作成しました。特に、同一の語句や文章に、複数の解釈が存在する場合には、それらを相互に参照し、さらにナシ族出身の研究者のご意見を伺い、最も適切と思われるものを訳出しました。ただ、必要な場合には、解釈上の問題として、注に複数の解釈を示した所もあります。また、複数のテクストの間で、ナシ語の記述自体がかなり異なり、解釈にも大きな相違が認められる場合は、概ね(2)のテクストに従いました。ただし、明らかに(2)以外のテクストが優れていると思われる場合にはそれを採用し、必要に応じて注で説明しました。また、人名、地名はテクストによる表記の相違が大きいので、和訳での表記は、一部の例外を除き、(2)のテクストに基づいています。

一方、ナシ語の原文の記述を含まず、漢語のみのテクストとして公刊されたものには、以下のようにかなりの数があります。

(1) 趙銀棠 1957「魯般魯饒」『辺疆文芸』1957-10。
(2) 和正才・周霖 1962「魯搬魯饒(一)」『雲南民族文学資料 第六集』中国作

漢語による七種のルバルザのテクストを収める『雲南民族文学資料 第六集』、一九六二年。

ルバルザの漢語訳を収める趙銀棠の『玉龍旧話新編』、一九八四年。

家協会昆明分会民間文学工作部。

⑶ 和学書・和錫典 1962「魯搬魯饒㈡」同上。

⑷ 和志武 1962「魯搬魯饒㈢」同上。

⑸ 趙浄修 1962「魯搬魯饒㈣」同上。

⑹ 和方・趙浄修 1962「魯搬魯饒㈤」同上。

⑺ 多随合・牛相奎 1962「魯搬魯饒㈥」同上。

⑻（執筆者不明）1962「魯搬魯饒㈦」同上。

⑼ 和志武 1983「魯般魯饒―牧奴悲劇記略」『納西東巴経選訳』雲南省社会科学院東巴文化研究室。

⑽ 趙銀棠 1984「魯般魯饒」『玉龍旧話新編』雲南人民出版社。

⑾ 牛相奎・趙浄修 1984『魯般魯饒（納西族叙事長詩）』雲南人民出版社。

⑿ 和志武 1994「魯般魯饒（牧奴悲劇記略）」『東巴経典選訳』雲南人民出版社。

⒀ 牛相奎・趙浄修 2009『魯般魯饒（雲南民族民間文学典藏・納西族）』雲南人民出版社。

これらのうち、最も早い時期に公表された⑴は、ナシ族最初の女流文学者、趙銀棠によるものです。趙銀棠（1904～1993）は、麗江の学校で

牛相奎・趙浄修による『魯般魯饒（納西族叙事長詩）』、一九八四年。

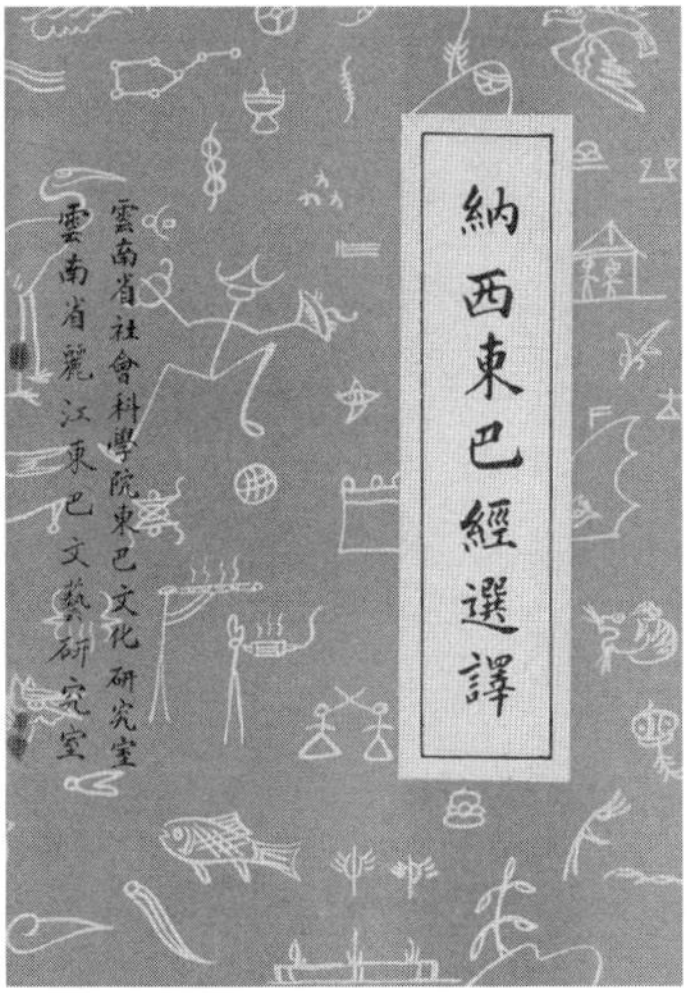

和志武によるルバルザの漢語訳テクストを収める『納西東巴経選訳』、一九八三年。

教鞭をとりながら『ルバルザ』など民間の伝承を収集し、また、ナシ族の歴史や文化に関する文章、評論、詩歌などを発表しました。⑽は、これらを収録した単行本に収められているテクストです。

⑵～⑻は、いずれも雲南省の各民族の文学作品を集めた『雲南民族文学資料』の第6巻として公刊されたものです。この資料の第6巻は、『ルバルザ』のテクストだけを収めています。これらのうち、始めの6本は全てトンバ経典から翻訳したもので、最後の1本のみが、民謡を記録したものです。⑷のテクストは、和志武によるもので、先に述べたナシ語のテクスト（165頁の⑶）がおそらく翻訳の原文になっています。また、⑼と⑿も同様に和志武によるものですので、⑷と同様、先に述べたナシ語のテクストが元になっていると思われます。

⑾のテクストは、民間文学を専門とする牛相奎と、東巴文化研究所に所属する趙浄修によるもので、1冊の単行本として公刊されたものです。資料と言うよりは一般向けの読み物として書かれたもので、文体も民謡調の韻文になっています。⒀のテクストは、その近年の再版です。再版にあたって、字句の変更は加えられていない、とあとがきに記されています。

本書では、これらの漢語訳のテクストについても参照し、ナシ語の解釈の上での参考としています。

ハラリュクの儀礼で用いられるダレウァサミの像。『東巴文化芸術』、雲南美術出版社、一九九二年、一八頁より抜粋。

○『ルバルザ』と関わる伝承

『ルバルザ』は、トンバによって行われる儀礼で朗誦される経典ですが、こうしたナシ族の経典は、文字や言語に独特の特徴はあるものの、一方ではトンバに限らない一般のナシ族に伝わる民謡や伝説などの口頭伝承とも深い関わりを持っています。

ナシ族の伝統的な民謡の中には、多くの情死を反映して、「ユプ(yeqbee)」と呼ばれる情死の民謡があり、これが『ルバルザ』とも内容的に大きく関係しています。「ユ」は、すでに述べたように各種の方法で命を絶った情死の霊であり、「プ」は歌や調べを指す言葉です。ユプは、長編詩の形式で構成され、男女の即興の掛け合いによって、ゴチの調子で歌われます。こうしたユプにおいては、親の取り決めによる結婚の苦しみや、かつて女性が受けた様々な差別の苦しみ、過酷な労働の苦しみなどが切々と歌われています。これらのユプは、ロックによって記録されたテクスト（Rock1939, pp.121-152）や、中国の研究者によって漢語に訳されたテクスト（謝徳鳳 1962、和時傑 1985）などが公表されています。

また、ハラリュクの儀礼とも密接に関わる、トンバに限らず広くナシ族に伝わる伝説として、「ダレウァサミ」の物語があります。この伝説には様々なバージョンがありますが、ほぼ共通するのは以下のようなストー

映画化された『アシマ（阿詩瑪）』、一九六四年。（『大衆電影』一九七九年第二号の表紙より。）

イ族の『アシマ（阿詩瑪）』。人民文学出版社、一九五六年。

リーです。

むかし、ダレウァサミという美しい女性がいました。愛する男性と引き裂かれて、無理やり遠くの地へ嫁に行かされることになりました。ラバの背中に乗せられて嫁入りするその途上、金沙江のほとりにさしかかったころ、愛する恋人を思い、たまらず後ろを振り返ったところ、強い突風が吹いてラバごと川辺の崖に吹き上げられました。こうして、ダレウァサミはこの崖で永遠にラバに乗ったまま、風の霊になったということです。

いくつかのトンバ経典では、ダレウァサミは風の霊の首領とされており、風の霊とはすなわち結ばれない男女の霊です。この伝説のストーリーに見られる、無理やり結婚を強いられ、愛する恋人と結ばれずに死んでゆくというモチーフは、自殺という手段こそ直接には語られないものの、『ルバルザ』の物語と底辺で共通するものであり、あるいは『ルバルザ』の原型と言えるかもしれません。ここからは、一般のナシ族の間の伝説と、トンバ文字で書かれた経典の間の密接な結び付きがうかがわれます。

また、興味深いことに、雲南のイ族の伝説である『アシマ（阿詩瑪）』にも、そのいくつかのバージョンでは、女性主人公のアシマが強風によって崖に吹き上げられ、崖の神になるモチーフが見られることが、中国の研究者によって指摘されています（李纘緒編 1986, p.177 のバージョンなど）。

玉龍第三國

——納西族民間故事詩

納西族 牛相奎
木麗春

編者按：牛相奎、木麗春是兩位納西族的青年作者（他們都是未滿二十歲的青年，現在中學讀書）。他們利用假期回到自己民族地區進行蒐集，並在業餘時間寫成了“玉龍第三國”，歷時將近一年，前後修改了四次。“玉龍第三國”的情節主要取自於納西族情詩“游悲”，同時也採用、綜合了其他傳說中的情節加以發展，它的主題是讚美和歌頌生存、自由、反抗和希望。它比較細緻地生動地刻劃了為美好的理想而勇敢鬥爭的一對可愛的青年男女的形象。

我們認為這篇作品是值得珍視的。作者的艱苦勞動和勇敢的試嘗，也是值得我們歡迎的。

這首詩曾經編輯部加以潤飾。

・1・

雑誌『辺疆文芸』に掲載された「玉龍第三国」、一九五六年。

単行本『玉龍第三国』、一九五六年。

イ族の『アシマ』も、やはり望まぬ結婚を強いられる女性を主人公とした物語で、その根底にあるテーマはダレウァサミの物語と共通します。ダレウァサミの名前の「ダレ」は地名であり、女性の名前は「ウァサミ」なので、母音を入れ替えるとアシマの名前とも似ています。さらに、アシマの物語の中には、ナシ族の創世神話である『ツォバトゥ』の中に見られる挿話と共通する部分もあり、これらの間に何らかの関連があることがうかがわれます。

ちなみにアシマは、日本でも木下順二によって脚本化され、現在でも複数の劇団によって公演が行われています。

○『ルバルザ』の展開

現代ナシ族作家の牛相奎と木麗春は、1956年、高校在学中に『ルバルザ』とユプを題材とし、それに改編を加えた長編詩『玉龍第三国』を発表しました。当時、これには大きな反響があり、新しい時代の少数民族による文学作品として広く知られるところとなりました。発表当時、この作品は伝統劇や歌舞にも改編され、何度も上演が行われました。しかし、その後の文化大革命（1966～1976）の時期には、2人の作者はナシ族の若者の情死をあおったなどと批判され、激しく攻撃されました。『玉龍第三国』

大型ミュージカル『ルバルザ』のパンフレット。（二〇〇七）

は若者を迷わす「毒草」とされ、この本が200人以上の青年を自殺に追いやったと言われなき罪を着せられました。2人は囚われ、各地でこの本を没収して燃やす運動までもが展開されました。文化大革命の収束後、ようやく『玉龍第三国』は名誉を回復し、再版されて再び広く読まれるようになりました。1991年に出版された『中国新文芸大系1949-1966 少数民族文学集』にも収録されています。

2007年8月、麗江旧市街の木府前の広場に作られた舞台では、「納西東巴史詩音楽歌舞劇・魯般魯饒《ルバルザ》」が上演されました。これは、2種類のトンバ経典、『ルバルザ』と『ドゥアスア』のストーリーを合わせて題材とした大型ミュージカルです。このミュージカルの制作には、中国の有名芸能

ゴチによるCD『ルバルザ』。（二〇〇七年）

人が700万元（約1億5百万円）を投資したとして大きく報道され、注目を集めました。

『ルバルザ』と『ドゥアスア』、そしてナシ族の創世神話である『ツォバトゥ』は、ナシ族の三大古典文学と称されています。この最新のミュージカルのストーリーが、基本的にトンバ経典に基づくもので、しかも、そのタイトルが経典のタイトルそのものであることには、ナシ族におけるトンバ経典の重みが感じられます。

一方で、よりオーソドックスな形でトンバ経典をアレンジしたものもあります。2007年には、麗江市委宣伝部と東巴文化研究院によって制作された3枚シリーズのCD、『納西《ナシ》“谷気《ゴチ》”崇般図《ツォバトゥ》—創世紀』、『納西《ナシ》“谷気《ゴチ》”董埃術埃《ドゥアスア》—黒白戦争』、『納西《ナシ》“谷気《ゴチ》”魯般魯饒《ルバルザ》—殉情的来歴』が発売されました。「ゴチ」は、先にも述べた通り、情死する男女が最後の時まで歌うと言われる民謡のスタイルです。このCDは、現代の民謡歌手である李秀香さんが、トンバ経典の内容を、ゴチの調子を用いて歌ったものです。本来、トンバによって儀礼で行われる経典の朗誦と、トンバではない一般の人々の歌う民謡とは別のものですが、このCDの解説には、人々がトンバ教の儀式に参加する機会が減った今、より通俗的かつ現代的な形式で、これらの文化を継承することを期待すると記されています。

注

1　本書では、中国語（漢語）の表記については括弧内に記すことにします。また、ナシ語の原語を表記する場合も、それをカッコ内に記すことにします。

2　「ナズ（納日）」、「ナ（納）」などとも呼ばれます。

3　この他には、日本の諏訪哲郎氏によるヘボン式ローマ字に近い方法があります（諏訪 1986）。

4　意味は変わりませんが、ロックの表記しようとした「ナシ」の発音は「ナヒ」だと思われます。現在でも、「ナシ」という発音は麗江の中心部に多く、一方、周囲の農村部では「ナヒ」という発音がよく聞かれます。

5　また、最近の研究では、ナシ族に大きな影響を及ぼしている東チベット地域（カム）のチベット語で、「呪師」を指して用いられる語に由来するという説もあります（拉巴次仁 2005）。

6　この語は、ナシ語では「祭る」という意味の動詞としても使われます。

7　ジラアプは天神、ツェフアズは地神であり、シュはコノテガシワを意味する言葉です。

8　これらの出典は以下の通りです。(1)傅懋勣 1948、(2)李霖燦・和才 1978、(3)和芳・周汝誠 1963、(4)和雲彩・和発源 1986、(5)和開祥・和宝林 n.d.、(6)和士成・和力民 1999-2000、(7)和即貴・李英 1999-2000、(8)和開祥・李例芬 1999-2000、(9)和即貴・和宝林 1999-2000a、(10)和雲章・和品正 1999-2000、(11)和士成・和発源 1999-2000。

9　四川省のイ語では、[ho˩] という発音で「歌う」という語があり、同系の言語であることからここでの hoq との関連も考えられます。ただし、一般にはナシ語の「歌う」は zzer であり、また、ここで見られる解釈では「唱和」とするなど、漢語の「和」に接近した意味が見られます。

10　これらの出典は、注 8 と同じです。

11　これについては、chel を「穢れる」の意味として、「雪山の情死で穢れた草原」という解釈もあります（Rock1939, p.135）。

12　Rock1939、和志武 1992、白庚勝 1996（邦文文献）、楊福泉 2008 など。

13　その主な原因として、ラフ族の道徳観念では、いったん夫婦となったものは終生添い遂げねばならないとされ、離婚することが非常に難しかったことなどが指摘されています。

ナシ語の表記法

ナシ語の表記法にはいくつかの方式がありますが、本書で用いた方式は、中国の学者によって作られた「ナシ族文字方案」です。以下に、この表記法をIPA（国際音声記号）と対照させて示します。

[子音]

ナシ族文字方案：	b	p	bb	m	f	d	t	dd	n	l
IPA　　　　　：	p	p^{h}	mb	m	f	t	t^{h}	nd	n	l

ナシ族文字方案：	g	k	gg	ng	h	j	q	jj	n(i)	x
IPA　　　　　：	k	k^{h}	ŋg	ŋ	x	tɕ	$tɕ^{h}$	ndʑ	ɲ	ɕ

ナシ族文字方案：	z	c	zz	s	ss	zh	ch	rh	sh	r
IPA　　　　　：	ts	ts^{h}	ndz	s	z	tʂ	$tʂ^{h}$	ndʐ	ʂ	ʐ

[母音]

ナシ族文字方案：	i	u	iu	ei	ai	a	o	e	er	ee	v
IPA　　　　　：	i	u	y	e	a	ɑ	o	ə	əɹ	ɯ	v̩

ナシ族文字方案：	iai	ia	ie	iei	ui	uai	ua	ue
IPA　　　　　：	ia	iɑ	iə	ie	ui	ua	uɑ	uə

[声調]

声調は、音節末に以下の文字をつけることで表す。

ナシ文字方案：	l	（なし）	q	f
IPA　　　　：	˥	˧	˩	˩˧

[その他の規則]

1. i および i を含む二重母音が、子音なしで音節を構成する場合には、「yi」、「yu」、「yai」のように表記する。
2. u および u を含む二重母音が、子音なしで音節を構成する場合には、「wu」、「we」、「wai」のように表記する。
3. iu および iu を含む二重母音が、j、q、jj、ni、x の子音と組み合わさる場合には、i を省略して「ju」、「qu」、「xu」などのように表記する。
4. 音節の切れ目が曖昧になる場合には、アポストロフィー（'）でその切れ目を表す。
5. 各文の最初の文字は大文字で書く。
6. 固有名詞の最初の文字は大文字で書く。
7. 母音 ee と e の前に現れる子音［ɣ］を v で表す方法もあるが、本書では中国の出版物に見られる主要な方式に従う。

主要参考文献

■ 中国語文献（ナシ語による出版物を含む）

白庚勝

（2001）『納西族風俗誌』中央民族大学出版社。

陳艶萍

（2005）「多元文化背景下的拉祜族殉情現象研究」『雲南芸術学院学報』2005-3。

佟徳富等主編

（2009）『中国少数民族原始宗教経籍彙編・東巴経巻』中央民族大学出版社。

方国瑜・和志武

（1981）『納西象形文字譜』雲南人民出版社。

傅懋勣

（1948）『麗江麼些象形文'古事記'研究』武昌華中大学。

和芳・周汝誠

（1963）『崇搬図』麗江県文化館（油印本）。

和即貴・耕勤

（1994）「納西族古朴的命名礼・成年礼」『麗江文史資料』13（麗江県政協文史資料委員会）。

和即貴・和宝林

（1999-2000a）「大祭風・創世紀」『納西東巴古籍訳注全集 80』雲南人民出版社。

（1999-2000b）「大祭風・魯般魯饒」『納西東巴古籍訳注全集 83』雲南人民出版社。

和即貴・李英

（1999-2000）「除穢・古事記」『納西東巴古籍訳注全集 39』雲南人民出版社。

和即仁・和志武
（1988）「納西族的社会歴史及其方言調査」『納西族社会歴史調査(三)』雲南民族出版社。
和開祥・和宝林
（n.d.）『関死門経・人類遷徙記』世界宗教研究所・雲南省社会科学院東巴文化研究室（油印本）。
和開祥・李例芬
（1999-2000）「関死門儀式・人類的起源」『納西東巴古籍訳注全集53』雲南人民出版社。
和力民
（1991）「祭風儀式與殉情」『東巴文化論』雲南人民出版社。
何密
（1988）「《魯般魯饒》、《游悲》与納西族的殉情」『辺疆文化論叢 第一輯』雲南民族出版社。
和時傑
（1985）「遊悲（納西族民間抒情長詩・節選）」『山茶』1985-1。
（1988）「《魯般魯饒》与《游悲》」『辺疆文化論叢　第一輯』雲南民族出版社。
（1991）「《魯般魯饒》中愛情悲劇的実質」『東巴文化論』雲南人民出版社。
和士成・和発源
（1999-2000）「超度死者・人類遷徙的来歴・上巻」『納西東巴古籍訳注全集56』雲南人民出版社。
和士成・和力民
（1999-2000）「禳垛鬼儀式・人類起源和遷徙的来歴」『納西東巴古籍訳注全集24』雲南人民出版社。
和学才編訳
（1990）『納西文小学課本　語文（輔助読本）』雲南民族出版社。
和躍東・趙慶蓮
（1995）『蘋果栽培技術』雲南民族出版社。

和元慶・和民達
(1987)『一家団圓』雲南民族出版社。
和雲章・和品正
(1999-2000)「退送是非災禍・創世紀」『納西東巴古籍訳注全集35』雲南人民出版社。
和雲彩・和発源
(1986)「崇般崇笮」『納西東巴古籍訳注(一)』雲南民族出版社。
和志武
(1983)「魯般魯饒―牧奴悲劇記略」『納西東巴経選訳』雲南省社会科学院東巴文化研究室。
(1986a)「論納西象形文東巴経《魯般魯饒》」『思想戦線』1986-1。
(1986b)『創世紀』雲南民族出版社。
(1987a)『魯搬魯饒』雲南民族出版社。
(1987b)『黒白争戦』雲南民族出版社。
(1991)「論《魯般魯饒》」『東巴文化論』雲南人民出版社。
(1992)『祭風儀式及木牌画譜』雲南人民出版社。
(1994)「魯般魯饒(牧奴悲劇記略)」『東巴経典選訳』雲南人民出版社。
和鐘華
(1988)「再論納西族殉情長詩」『辺疆文化論叢　第一輯』雲南民族出版社。
黄建明
(2004)『阿詩瑪論析』雲南民族出版社。
拉巴次仁
(2005)「試析納西族"東巴"一詞」『麗江第二届国際東巴芸術節学術研討会論文集』雲南民族出版社。
李国文
(1993)『人神之媒―東巴祭司面面観』雲南人民出版社。
李即善・和民達・和元慶
(1988)『納西新民歌』雲南民族出版社。
李近春
(1992)「納西族的人名和姓氏」『納西族研究論文集』民族出版社。

李霖燦
(1945)『麼些標音文字字典』国立中央博物院筹備処（四川南渓）。
(1958)「美国国会図書館所蔵的麼些経典──一個初歩的報告研究」『民族学研究所集刊』6。
(1972)『麼些象形文字・標音文字字典』文史哲出版社（台北）。
(1984)『麼些研究論文集』国立故宮博物院（台北）。
李霖燦・和才
(1978)「麼些族的洪水故事」『麼些経典譯註九種』国立編譯館中華叢書編審委員会（台北）。
麗江納西族自治県語委会編
(1985)『納西文課本』雲南民族出版社。
麗江市古城区白龍潭小学編
(2007)『納西童謡』徳宏民族出版社。
李纘緒編
(1986)『阿詩瑪原始資料集』中国民間文芸出版社。
牛相奎・趙浄修
(1984)『魯般魯饒（納西族叙事長詩）』雲南人民出版社。
(2009)『魯般魯饒(雲南民族民間文学典藏·納西族)』雲南人民出版社。
牛相奎・木麗春
(1956a)「玉龍第三国─納西族民間故事詩」『辺疆文芸』1956-6。
(1956b)『玉龍第三国』雲南人民出版社。
(1995)『玉龍第三国（新編）』麗江地区印刷廠。
沈玉菲
(2008)「納西族宗教殉情死亡儀式解析」『貴州民族研究』2008-2。
王軍
(1984)「拉祜族的殉情事件研究」『雲南省歴史研究所研究集刊』1984-2。
楊福泉
(1982)「論納西族長詩《游悲》」『山茶』1982-3。
(1993)『神奇的殉情』三聯書店（香港）。
(1995)『原始生命神与生命観』雲南人民出版社。

（2008）『玉龍情殤—納西族的殉情研究』雲南人民出版社。
楊樹興・和雲彩・和発源
（1986）「魯般魯饒」『納西東巴古籍訳注（一）』（雲南省少数民族古籍整理出版規劃辦公室）雲南民族出版社。
雲南省博物館供稿
（2001）『木氏宦譜 影印本』雲南美術出版社。
雲南省民族事務委員会編
（2004）『雲南省実施《中華人民共和国民族区域自治法》辦法（納西文）』雲南民族出版社。
雲南省社会科学院東巴文化研究所《納西族東巴教儀式資料彙編》課題組
（2004）『納西族東巴教儀式資料彙編』雲南民族出版社。
雲南省社会科学院麗江東巴文化研究所編
（1992）『東巴文化芸術』雲南美術出版社。
喩遂生
（2003）『納西東巴文研究叢稿』巴蜀書社。
（2008）『納西東巴文研究叢稿（第二輯）』巴蜀書社。
習煜華・楊逸天
（1991）「従東巴経中的藏語借詞看藏族宗教対東巴教的影響」『東巴文化論』雲南人民出版社。
謝徳鳳
（1962）「游悲」『民間文学』1962-4。
趙銀棠
（1957）「魯般魯饒」『辺疆文芸』1957-10。
（1984）「魯般魯饒」『玉龍旧話新編』雲南人民出版社。
趙浄修
（2002）『納西飲食文化譜』雲南民族出版社。
中国新文芸大系総編輯委員会
（1991）『中国新文芸大系 1949-1966 少数民族文学集』中国文聯出版公司。
中国作家協会昆明分会民間文学工作部編
（1962）『雲南民族文学資料　第六集』。

周小燕
(2008) 「拉祜族和納西族自殺行為的跨文化心理分析」西南大学高校教師碩士学位論文。

■ 欧文文献（ナシ語による出版物を含む）

Jackson, Anthony and Pan, Anshi.
(1998) "The Authors of Naxi Ritual Books, Index Books and Books of Divination" in Oppitz, Michael and Hsu, Elisabeth eds., *Naxi and Moso Ethnography*, Zürich: Völkerkundemuseum Zürich.

Rock, Joseph. F.
(1939) "The Romance of K'a-mä-gyu-mi-gkyi", *Bulletin de l'École Française d'Extrême - Orient*, 39, pp.1-152.
(1947) *The Ancient Na-khi Kingdom of Southwest China*, Vol.I and II. Cambridge Massachusetts: Harvard University Press.
(1963a) *The Life and Culture of the Na-khi Tribe of the China-Tibet Borderland*. Wiesbaden: Steiner.
(1963b) *A Na-khi English Encyclopedic Dictionary, Part I.* Roma: Istituto Italiano per il Medio ed Estremo Oriente.
(1972) *A Na-khi English Encyclopedic Dictionary, Part II. Gods, Priests, Ceremonies, Stars, Geographical Names*. Roma: Istituto Italiano per il Medio ed Estremo Oriente.

British & Foreign Bible Society
(1932) *Na-hsi Mark.* Shanghai: British & Foreign Bible Society.

Yang, Fuquan.
(1988) *Stories in Modern Naxi*. Bonn: Wissenschaftsverlag.

■ 邦文文献

荒屋豊
(1990) 「東巴文化源流考ノート」『比較民俗研究』2（筑波大学比較民俗研究会）。

黒澤直道
(2005)「雲南省麗江におけるナシ（納西）語教育の現状」『國學院雑誌』106（7）。

(2006)『ツォゼルグの物語―トンバが語る雲南ナシ族の洪水神話』雄山閣。

(2006)「中国少数民族宗教テクストの一研究―ナシ族のトンバ経典」『日本文化と神道』3（國學院大學）。

(2007)『ナシ（納西）族宗教経典音声言語の研究―口頭伝承としてのトンバ（東巴）経典』雄山閣。

(2009)「ナシ語による出版物について」『國學院大學紀要』47。

(2009)「ナシ族トンバ経典文字テクストの基礎的研究―出現頻度に基づいた「骨組み」の抽出」『國學院雑誌』110（3）。

(2009)「ナシ（納西）語大研鎮方言の音韻体系―先行研究との比較を中心に」『アジア・アフリカ言語文化研究』77。

斎藤達次郎
(1978)「Na-khi 族の葬制」『中国大陸古文化研究』8。

(1979)「ボン教とナシ族の宗教」『人文科学論集』25（名古屋経済大学・市邨学園短期大学人文科学研究会）。

佐野賢治編
(1999)『西南中国納西族・彝族の民俗文化―民俗宗教の比較研究』勉誠出版。

諏訪哲郎
(1983)『東ユーラシア文化 1 雲南省納西族』東ユーラシア文化研究会。

(1986)『東ユーラシア文化 2 雲南省納西族Ⅱ』東ユーラシア文化研究会。

(1988)『西南中国納西族の農耕民性と牧畜民性』学習院大学。

白庚勝
(1996)「ナシ族の「殉情」研究」『比較民俗学会報』17(1)（比較民俗学会）。

ピーター・グーラート著、高地アジア研究会訳
（1958）『忘れられた王国』ベースボール・マガジン社。
西田龍雄
（2001）『生きている象形文字』五月書房。
村井信幸
（1998）「ナシ族の心中物語」『東アジア文化と日本文化—東アジアにおける恋愛と死をめぐって』大東文化大学人文科学研究所。
（2007）「清代改土帰流時の納西族の社会変化」『東洋研究』166（大東文化大学東洋研究所）。
山田勅之
（2007）「明代の麗江ナシ族･木氏土司—「忠臣」と「自主」の間」『中国研究月報』61（10）。
（2009）「明代雲南麗江ナシ族・木氏土司による周辺地域への勢力拡張とその意義—中華世界とチベット世界の狭間で」『史学雑誌』118（7）。
（2010）「世界文化遺産・麗江旧市街をどのように語り、ディスプレイするか—明代ナシ族木氏土司に対する意識と観光スポットとしての木府」『アジア研究』56（3）（アジア政経学会）。
山村高淑・張天新・藤木庸介
（2007）『世界遺産と地域振興—中国雲南省・麗江に暮らす』世界思想社。

おわりに

ナシ族のトンバ経典は、儀礼に用いられる特殊なテクストで、必ずしもナシ族の中での一般的な文学形式とは言えません。しかし、ナシ族の文化全体を俯瞰するならば、やはりトンバ経典はこれまで大いに注目され、そのことが現在のナシ族の文化にも影響を与えています。解説の最後にも記したように、本来トンバ経典である『ルバルザ』は、ナシ族の「文学」の中で重要な「古典」の１つとされ、現在のミュージカル作品の題材にもなっています。

もっとも、ナシ族の文学は、本書でご紹介した『ルバルザ』だけではありません。他にも、テーマや形式の異なる多くのテクストが存在し、独特の世界を形成しています。『ルバルザ』や、かつてナシ族の中に見られた青年男女の情死の風俗は、ナシ族の文化の一面であることは確かですが、それが全てではありません。特に、とりわけ人の興味を引く情死の風俗ばかりに偏重した紹介は、その弊害も大きいと思われます。そこで本書の解説では、『ルバルザ』や情死だけでなく、それ以外の文化や言語についても多くの紙面を割きました。

『ルバルザ』は「情死の経典」と言えますが、同時に「生」と「死」に関わる経典でもあります。「死」に向き合うことは、「生」を考えることでもあるからです。自殺や異常な事件が多発し、まるで「生」が軽んじられているような現代の日本の風潮の中で、『ルバルザ』というテクストを通して、必死に「生」と「死」に向き合ったナシ族の若い男女のことを考えることは、非常に意味があることと思います。

本書の執筆は、ナシ族の言語であるナシ語を学ぶことなしには実現しないものでした。筆者は、1990年代の後半から雲南省麗江を中心とする地域に３年間滞在し、その間、ナシ族を中心とした方々のご協力によってナシ語を学ぶことができました。特に、当時から筆者の勉強の手助けをしていただき、今回も『ルバルザ』のテクストの細部の質問に答えてくださった雲南省社会科学院東巴文化研究院の和力民先生や、雲南滞在の受け入れ先をご準備いただいた尹紹亭先生、その際に担当教員になっていただいた木基元先生と張雲嶺先生には、大変お世話になりました。現地に長期滞在していた頃、筆者は旧市街の七一街にあった国際麗江合作発展研究中心（民間合作社）に滞在し、その職員の方々や雲南民族学院の大学院生であった鮑江さんに、ナシ語を教えてもらいました。こうした方々に家族同様にしていただいたことは、決して忘れることができません。

近年は、現地でのナシ語とナシ文化の教育に尽力していらっしゃる郭大烈先生と奥様の黄琳娜先生、また、玉龍県民族宗教事務局でナシ族文字方案による書籍の出版を担当されている和潔珍先生、白龍潭小学校でナシ童謡の教育を実践している和冬梅さんに、ナシ語の勉強や様々な面で非常にお世話になっています。また、雲南省社会科学院の楊福泉先生とは、かつて麗江での長期滞在中にお会いし、その後もナシ語を勉強する資料としてご著書を拝見しています。さらに今回、本書を執筆するにあたっても、ナシ族の情死に関する詳しいご研究を参考にさせていただきました。

トンバの文化が色濃く残るシャングリラ県三壩郷では、元郷長の和尚礼先生と、老トンバの和志本さん、トンバの習尚洪さんに大変お世話になりました。当地での滞在の折には、トンバのお二人の唱える経典の読音を録音させていただき、さらに、お二人がトンバ文字を書く様子もじっくり観察させていただきました。

ナシ族の研究は、一見、非常に特殊な狭い分野と思われがちですが、実際には国際的に大きな広がりがあります。2009年7月、雲南省昆明市で開かれた国際人類学民族学連合（IUAES）の世界大会では、「ナシ学研究新視野論壇」と題する分科会が開かれ、5日間にわたって世界十数ヵ国から100名以上の研究者が参加しました。言語と文字のセクションでは、筆者もナシ族の経典に関する発表を行い、僭越ながら司会の一人も務めさせていただきました。この学会で主催者の郭大烈先生と中国社会科学院の木仕華先生を始め、世界中に広がる多くのナシ族研究者と交流できたことは、筆者にとってかけがえのない楽しい思い出です。

また、日本に留学経験がおありで、流暢な日本語を話されるナシ族の白庚勝先生とは、麗江の長期滞在中に初めてお会いし、その数年後に日本で再会しました。先生は、その時のことを雑誌の記事にして紹介してくださったり（『民間文芸之友』2007-2、中国民間文芸家協会）、さらに筆者の拙論を国際ナシ学会の会報に中国語で紹介してくださったりしています。

日本では、ナシ語やナシ族の勉強を始めた当初から、多年にわたってナシ族の研究をなさっている斎藤達次郎先生より様々なご教示を受けました。さらに、木氏の歴史を中心に研究されている山田敦之さんからも、今回の執筆にあたってご教示をいただきました。

最後に、本書の出版の機会を与えてくださったクリスチャン・ダニエルス先生、また、雲南滞在当初から様々な面でお世話になっている金少萍先生とそのご家族、そして、ここに全てのお名前を記すことはできませんが、これまでにお世話になったナシ族の方々に、厚く御礼を申し上げます。

2011年2月8日

訳著者より

黒澤　直道（くろさわ　なおみち）
1970 年宮城県生まれ。東京外国語大学外国語学部中国語学科卒業。同大学大学院地域文化研究科博士後期課程修了。博士（学術）。日本学術振興会特別研究員（PD）を経て、現在國學院大學文学部外国語文化学科准教授。大学院在学中、雲南民族博物館客員研究員などの身分で、雲南省麗江を中心とするナシ族居住地に3 年間滞在。現地での自炊生活を通してナシ語を学ぶ。

著書・編著書
『ナシ（納西）族宗教経典音声言語の研究』（雄山閣）、『ツォゼルグの物語』（雄山閣）、「ナシ（納西）語緊喉母音論争の意義」（『アジア・アフリカ言語文化研究』61）、「ナシ（納西）語大研鎮方言の音韻体系」（『アジア・アフリカ言語文化研究』77）。

平成 23 年 11 月 25 日　初版発行

東京外国語大学
アジア・アフリカ言語文化研究所
叢書 知られざるアジアの言語文化Ⅵ

ナシ族《ぞく》の古典文学《こてんぶんがく》
―『ルバルザ』・情死のトンバ経典―

著者　黒澤 直道
発行者　宮田 哲男
発行　株式会社雄山閣
〒102-0071
東京都千代田区富士見 2−6−9
TEL03-3262-3231　FAX03-3262-6938
http://www.yuzankaku.co.jp
e-mail:info@yuzankaku.co.jp
振替:00130-5-1685
製本　協栄製本株式会社
印刷　松澤印刷株式会社

N.D.C.388
ISBN 978-4-639-02200-8　C3022
188p　22cm